Guía de supervivencia con agua

Encontrar, recoger, tratar, almacenar y prosperar fuera de la red de suministro con agua durante emergencias y aventuras al aire libre

Índice de contenidos

Introducción

El agua es la fuente de la vida. Por lo tanto, es uno de los primeros recursos que necesita si está fuera de la red de suministro o en una emergencia de supervivencia al aire libre. Recolectar, tratar y almacenar agua son habilidades que necesita dominar para una existencia verdaderamente autosuficiente, libre de las cadenas sociales que pretenden retenerlo. Como superviviente, educador, agricultor independiente o aventurero, se va a beneficiar con la montaña de información a la que está a punto de acceder.

Cuando haya terminado este libro, sabrá detalladamente las numerosas formas en que puede recoger y purificar el agua. Además, será un superviviente capaz de transformar cualquier espacio en un lugar para prosperar. Al comprender los procesos naturales y los distintos biomas, podrá aprovechar el flujo de los elementos para manifestar la abundancia de este líquido que da vida y sustento. Sus habilidades de supervivencia serán superiores una vez que interiorice algunos principios y técnicas básicas La mezcla de conocimientos teóricos y consejos prácticos le ofrece una visión completa del trabajo con agua y de las consideraciones que la gente olvida cuando usa el agua del baño.

Cuando respete el agua y sus usos, descubrirá formas de pensar en la sostenibilidad. Este texto explora la hidrogeografía y cómo se puede buscar este recurso natural esencial en la tierra. También aprenderá a purificar el agua y a mantenerla sana y limpia. Además, obtendrá los conocimientos necesarios para recoger la lluvia y el rocío de muchas formas diferentes. Incluso aprenderá a trabajar con el agua en la tundra, desmintiendo algunos de los mitos sobre el deshielo y la nieve, al tiempo que conoce las mejores formas de obtener agua en estos paisajes helados.

Centrándose en la conservación, aprenderá a recoger agua en una granja o cuando se desplace. Aprenderá a transportarla y almacenarla para su uso a largo plazo, lo que le permitirá sobrevivir en entornos de escasez o de abundancia de agua. Prepárese para descubrir la diversidad de un recurso que a menudo se pasa por alto y se infravalora mientras recorre el camino de la supervivencia con agua al aire libre y aprende a prosperar fuera de la red de suministro.

Capítulo 1: Agua: La esencia de la vida

Si explora las complejidades de la vida, se encuentra con un elemento fundamental de la esencia de la existencia: el agua. Se trata de un valioso recurso que encarna la fuerza vital que sustenta y nutre a todos los seres vivos. No solo eso, sino que también regula en gran medida los ecosistemas de la Tierra creando paisajes y lugares sorprendentes y serenos donde los seres vivos habitan y prosperan.

El agua orquesta la sinfonía de la vida humana desde la concepción. Aunque el cuerpo humano tiene un 60 % de agua, varios órganos vitales como el corazón, el cerebro y los pulmones contienen entre un 75 y un 80 % de agua. Mire a su alrededor; verá que el agua es el elemento fundamental para que florezca la vida. Está entrelazada con el tejido de la civilización humana. Las culturas antiguas veneraban mares, océanos y lagos como entidades sagradas, ya que el agua representaba el sustento y fomentaba la expansión. Se pueden encontrar investigaciones y relatos de historiadores de varias civilizaciones que describen El Nilo, el Ganges, el Tigris y el Éufrates como cunas de grandes civilizaciones que dieron forma al curso de la historia y facilitaron el crecimiento de las sociedades humanas.

El agua es el elixir de la vida

El sutil y profundo papel del agua en la vida cotidiana pasa casi desapercibido en esta era regida por la tecnología, en la que los seres humanos llevan a cabo exploraciones espaciales a un nivel exponencial e impulsan las industrias complicadas con tecnologías de vanguardia. Sacia la sed, mantiene el cuerpo hidratado, desintoxica, riega los campos, genera energía y alimenta las industrias. A pesar de su omnipresencia, la naturaleza preciosa del agua a menudo escapa a la atención de todos hasta que su escasez asoma en el horizonte.

El agua en sí misma es el elixir de la vida, ya que la mayoría de los seres vivos dependen de esta preciosa fuente para mantenerse con vida. No solo es algo que todo el mundo utiliza. Es el ingrediente fundamental para mantener en marcha la vida en la Tierra. Desde los pequeños insectos hasta los grandes animales, todos necesitan agua. Es el cimiento de los hogares de todas las plantas y animales.

Desde el principio de su vida, el agua lo ha acompañado. Fue una cama acogedora en la barriguita de mamá que le ayudó a crecer. El agua mantiene a las personas sanas y fuertes. No se trata solo del cuerpo. El agua da forma a la convivencia de las personas, haciendo posibles las comunidades y las tradiciones. Piense en los ríos y los océanos: son como grandes salvavidas para los seres humanos. Nuestros antepasados lo sabían. Establecían sus hogares cerca de los ríos porque sabían que eran como supermercados de la naturaleza, que les proporcionaban alimentos y agua. Incluso ahora, en el mundo moderno, el agua es un recurso fundamental. Ayuda a cultivar alimentos, mantiene hidratados a los seres vivos e impulsa la mayoría de los procesos industriales que rigen en esta era.

La bebida esencial de la vida

El agua es la bebida universal de todos los seres vivos. Las plantas, los animales y los seres humanos necesitan agua para sobrevivir. Es lo básico para que el cuerpo funcione. Sin agua, las funciones corporales se deterioran y, en última instancia, se detienen.

Mantiene las cosas frescas

El agua es el aire acondicionado de la naturaleza cuando hace demasiado calor. Enfría la Tierra y evita que los seres vivos se calienten en exceso. Es esencial para mantener los ecosistemas mediante procesos naturales como la lluvia.

Ayuda a crecer y prosperar

El agua es el sustento de las plantas. Les ayuda a crecer, a procurarse su alimento mediante la fotosíntesis y a mantenerse verdes y sanas. Del mismo modo, todos los demás seres vivos necesitan agua para desarrollarse, ya que este líquido contribuye a una red alimentaria de la que se benefician todas las especies animales.

Calma la sed

No importa qué bebida, zumo o refresco azucarado consuma, el agua es la única fuente para saciar la sed. Su composición química es simple, por lo que los intestinos la absorben fácilmente y permiten que llegue a todas las partes del cuerpo, convirtiéndose en fluidos corporales como la sangre y facilitando los procesos metabólicos.

Esencial para la higiene

El agua no es solo para beber. También es el mejor líquido para lavarse. Los humanos la utilizamos para bañarnos, mantener la casa ordenada y la vajilla reluciente. Sustituir el agua como sustancia limpiadora es casi imposible. Sin ella, mantener la higiene y la limpieza es casi imposible.

Es la energía del mundo

Además de mantener la vida próspera en este planeta, el agua se utiliza en todo el mundo para alimentar las presas hidroeléctricas. Aunque la generación de electricidad a partir de energía solar y eólica está tomando la delantera en términos de energía limpia, la generación de energía hidroeléctrica sigue siendo la principal fuente de electricidad que alimenta los hogares y hace funcionar todos los aparatos.

Como el agua es necesaria para la vida, hay que utilizarla con cuidado. La contaminación y el despilfarro de agua dañan el medio ambiente y dificultan que todos, incluidos los seres humanos, dispongan de suficiente agua limpia. La urbanización masiva, el uso de agua limpia para fines industriales y la adición de contaminantes a arroyos y ríos contribuyen al deterioro del agua.

El agua no es solo una bebida. Es un salvavidas para todos los seres vivos. Para los seres humanos, va más allá de la supervivencia y hace que la vida sea sana, cómoda y tenga sentido. Cuidar el agua es cuidar de nosotros mismos y del planeta que es nuestro hogar.

El cuerpo humano y el agua

Función y estructura celular

El agua es el material de construcción de las células. Ayuda a formar la estructura de las células y garantiza su correcto funcionamiento. Permite que tengan la forma adecuada, incluso a nivel molecular. El agua mantiene la firmeza celular y produce fluidos corporales que mantienen la estructura y las funciones celulares.

Dínamo digestivo

¿Por qué se dice que hay que beber agua antes de las comidas? Porque el agua es un elemento crucial en la digestión. Descompone los alimentos, facilitando que el cuerpo absorba todo lo bueno y elimine lo que no necesita. El agua se absorbe fácilmente a través de los intestinos y es esencial para mantener el nivel de agua del cuerpo.

Reguladora de la temperatura

Suda cuando siente un aumento de la temperatura corporal después de hacer deporte o en un día soleado. Es la forma del cuerpo de refrescarse y el agua es el principal ingrediente del sudor. Así que, en cierto modo, el agua es un aire acondicionado incorporado.

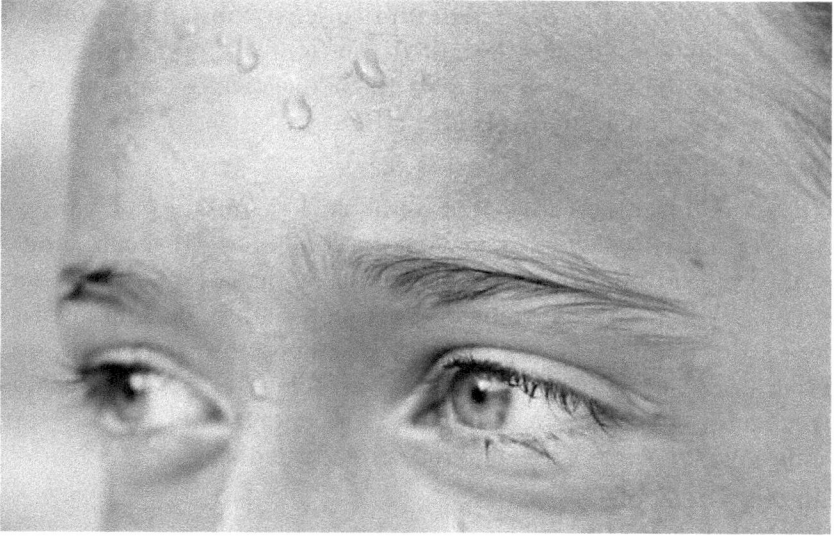

El agua es el principal ingrediente del sudor
https://unsplash.com/photos/persons-eyes-looking-on-left-side-mE6e5-5jLu8

Lubricación de las articulaciones

¿Ha pensado alguna vez cómo sus rodillas o codos se mueven con tanta suavidad? Agradézcaselo al agua, que lubrica las articulaciones, facilitando que se doblen y flexionen sin chirridos. Tras su absorción en los intestinos, el agua pasa por una serie de procesos hasta formar el líquido sinovial, que actúa como amortiguador acolchado. Reduce la fricción en las articulaciones y el cartílago circundante durante el movimiento, evitando que los huesos rocen entre sí.

Limpieza de los riñones

Los riñones son los cuidadores del cuerpo y se encargan de limpiar los residuos y las cosas que no necesita. El agua es su fiel compañera, ya que ayuda a eliminar todo lo que el cuerpo no quiere tener cerca. La mayoría de estas sustancias no deseadas entran en el organismo a través de los alimentos y algunas sustancias químicas se liberan durante procesos internos del cuerpo. Todas estas toxinas se eliminan a través de los riñones en forma de orina.

Refuerzo del flujo sanguíneo

La sangre es principalmente agua. El agua es el ingrediente que permite que la sangre fluya sin problemas por las venas y arterias. Un buen flujo sanguíneo significa que todas las partes del cuerpo reciben el oxígeno y los nutrientes necesarios. Sin los niveles adecuados de agua, los vasos sanguíneos no mantienen un diámetro constante, lo que afecta al flujo sanguíneo y reduce la llegada de nutrientes a todo el cuerpo. Esto aumenta la probabilidad de que se formen coágulos sanguíneos, que pueden desencadenar enfermedades crónicas.

Función muscular

El agua es el combustible que alimenta los músculos. Cuando está activo, sus músculos utilizan agua para funcionar correctamente. No importa si juega fútbol o si hace acrobacias, el agua es su fuente secreta de energía. Además de permitir el movimiento libre, el agua favorece el aumento de masa muscular, ya que actúa como portadora de los materiales necesarios para construir las proteínas esenciales y la síntesis de glucógeno. Las principales fuentes de energía del cuerpo son las proteínas, el glucógeno y los materiales relacionados.

Limpieza de la piel

¿Ha notado alguna vez que su piel tiene mejor aspecto cuando bebe suficiente agua? Esto se debe a que el agua mantiene la piel hidratada, dándole un aspecto sano y luminoso. Mantenerse hidratado retiene la humedad, lo que ayuda a mantener la elasticidad de la piel. Este aumento de la elasticidad evita que la piel se descuelgue, reduce las arrugas y previene la aparición de líneas de expresión. Por último, el agua favorece la producción de colágeno, una sustancia producida por el organismo que ayuda al desarrollo de nuevas células cutáneas al sustituir las células muertas de la piel. Es el mejor tratamiento de belleza, y es gratis.

Regulador cerebral

Su cerebro necesita agua para pensar con claridad, concentrarse y mantenerse alerta. El agua facilita la conectividad neuronal, permitiendo que el cerebro se comunique eficazmente. También elimina la acumulación de toxinas en el cerebro, optimizando su funcionamiento. Así que, si alguna vez se siente un poco confundido, un vaso de agua puede ser lo que su cerebro necesita.

El agua es el elemento más valioso de las funciones corporales. No se trata solo de saciar la sed; es el héroe anónimo que garantiza que todo funcione bien y con eficacia. En el ámbito de las necesidades esenciales, su escasez proyecta una sombra amenazadora sobre la salud humana. La importancia crítica del agua se hace evidente cuando se considera lo breve que sería nuestra supervivencia sin ella.

La vida sin agua

Amenaza para la supervivencia

El ser humano puede sobrevivir sin alimentos durante un periodo relativamente largo, pero no ocurre lo mismo con el agua. La dependencia del agua es inmediata y crítica y la supervivencia peligra a los pocos días de carecer de este preciado recurso.

El sigiloso inicio de la deshidratación

La deshidratación, consecuencia de una ingesta insuficiente de agua, es rápida. El cuerpo humano pierde agua a través de las actividades diarias, como la respiración, la sudoración y la eliminación de residuos. Estas pérdidas aumentan en una situación de escasez de agua, lo que provoca un rápido deterioro de las funciones corporales. Con el tiempo, estas funciones se detienen, creando un panorama mortal.

Impacto en la salud física

Como ya se ha dicho, la escasez de agua desata una cascada de problemas de salud. La deshidratación afecta la capacidad del cuerpo para regular la temperatura, aumentando el riesgo de enfermedades relacionadas con el calor. También afecta al sistema circulatorio, reduciendo el volumen sanguíneo y aumentando las complicaciones cardiovasculares. Además, los fluidos corporales como el líquido cefalorraquídeo (esencial para el cerebro) y la linfa (necesaria para el funcionamiento del sistema inmunitario) no se producen en las cantidades requeridas, lo que compromete la función cognitiva y debilita las defensas inmunitarias. Cuando el metabolismo del cuerpo se ralentiza y las defensas inmunitarias se debilitan, se abre una ventana para que las enfermedades crónicas, las infecciones y las afecciones médicas ataquen al cuerpo.

Enfermedades relacionadas con el agua

La escasez de agua limpia a menudo obliga a las comunidades a depender de fuentes contaminadas. Esto, a su vez, provoca enfermedades transmitidas por el agua, lo que supone una grave amenaza para la salud de las poblaciones que sufren escasez de agua. Entre las enfermedades transmitidas por el agua se encuentran el cólera, la disentería, la giardiasis, la fiebre tifoidea, la sarna, la amebiasis, la hepatitis y las infecciones parasitarias por fuentes de agua contaminadas.

Repercusiones mentales y cognitivas

La deshidratación va más allá de la salud física y afecta las funciones cognitivas. Incluso una deshidratación leve puede reducir el estado de alerta, dificultar la concentración y afectar a la memoria a corto plazo. La escasez prolongada de agua exacerba estos efectos, dificultando el bienestar mental general.

Vulnerabilidad de grupos específicos

Los bebés, las personas mayores y las personas con problemas de salud preexistentes son especialmente vulnerables a los efectos de la escasez de agua sobre la salud. Su fragilidad fisiológica amplifica los riesgos asociados con la deshidratación y las enfermedades transmitidas por el agua.

Agravamiento de las disparidades en la atención de salud

La escasez de agua agrava las disparidades en la atención de salud, afectando de manera desproporcionada a las comunidades con acceso limitado al agua potable.

Ramificaciones socioeconómicas

Más allá de los problemas sanitarios inmediatos, la escasez de agua amplifica los retos socioeconómicos, como el aumento de los costos sanitarios, la reducción de la productividad y la presión sobre las comunidades. Ante estos problemas, los efectos perjudiciales de la escasez de agua sobre la salud humana no son solo escenarios hipotéticos, sino realidades acuciantes. Garantizar un acceso equitativo al agua potable se convierte en algo primordial para salvaguardar la salud y el bienestar de los seres humanos.

Los alimentos y el agua en la vida

Imperativo de supervivencia

En situaciones en las que el agua es limitada, se afectan inmediatamente los procesos fisiológicos fundamentales del cuerpo, como la hidratación y la alimentación, que son cruciales para mantener la vida. La ausencia o escasez de agua supone una amenaza inminente, por lo que es crucial encontrar y asegurar el acceso al agua para sobrevivir. Esta escasez de agua afecta a los seres humanos y a toda la cadena alimentaria, desde los microorganismos y las plantas hasta los animales. Prácticamente todas las especies del planeta desempeñan un papel fundamental en el mantenimiento de esta cadena alimentaria. Por ejemplo, las aves y los insectos voladores son cruciales para la polinización y ciertas especies de bacterias y hongos se encargan de descomponer la materia orgánica muerta, devolviéndola a la tierra, etc. Cuando la escasez de agua alcanza un punto álgido, se produce una interrupción en esta compleja cadena de acontecimientos, lo que provoca problemas de supervivencia para todos los seres vivos del ecosistema.

Vulnerabilidad fisiológica

Como ya sabe, el cuerpo humano es un intrincado sistema con procesos fisiológicos interrelacionados. La privación de un recurso esencial para la hidratación y la alimentación altera rápidamente estos procesos. Por ejemplo, la falta de hidratación afecta a la regulación de la temperatura, la circulación y la función inmunitaria. Si alguno de estos procesos vitales del organismo no funciona adecuadamente, afecta a todas las demás funciones corporales. El suministro oportuno de agua y alimentos es esencial para mantener el organismo en condiciones óptimas.

Susceptibilidad a las enfermedades

La escasez de recursos limpios aumenta el riesgo de enfermedades. Los recursos contaminados o insuficientes pueden propagar enfermedades relacionadas con el agua, desnutrición y otros problemas de salud. Esta susceptibilidad a las enfermedades amenaza la salud pública, por lo que es urgente adoptar medidas para garantizar el acceso a recursos limpios y suficientes.

Vulnerabilidad de grupos específicos

Los bebés, las personas mayores o las personas con problemas de salud preexistentes son especialmente vulnerables a los efectos inmediatos de la escasez de recursos sobre la salud. Las necesidades fisiológicas del cuerpo y los procesos implicados se alteran sin el suministro de agua. Si la escasez de agua y alimentos persiste, se deterioran aún más los procesos metabólicos e incluso se pone en peligro la vida.

Asimismo, las comunidades desfavorecidas de climas cálidos y áridos luchan por acceder al agua y los alimentos. Este acceso inadecuado hace que la salud se deteriore rápidamente, incrementando aún más los costos de la atención sanitaria. El suministro inadecuado o la escasez de agua y alimentos es un problema enorme en comunidades como esas, que no tienen asegurada su supervivencia.

Impacto en el hábitat

La escasez de agua también afecta otras fuentes de alimento. Por ejemplo, si los arroyos de una región se secan y los niveles de las aguas subterráneas caen, el hábitat cambia drásticamente, afectando a todos los seres vivos. La zona se vuelve poco a poco inhabitable, eliminando toda forma de vida, desde los microorganismos hasta las plantas, pasando por la fauna y los seres humanos.

Retos de la adaptación medioambiental

Tanto los sistemas humanos como los naturales enfrentan retos para adaptarse a cambios bruscos en la disponibilidad de recursos. Los ecosistemas pueden tener dificultades para hacer frente a cambios en la disponibilidad de agua, al igual que las prácticas agrícolas. Los sistemas humanos también necesitan cambiar rápidamente cuando cambia el flujo de recursos.

Esta detallada exploración pone de relieve la urgencia de garantizar el acceso a recursos críticos para asegurar la supervivencia ante la vulnerabilidad de los procesos fisiológicos, el riesgo de enfermedades, la susceptibilidad de poblaciones específicas, las repercusiones sociales y económicas y los retos asociados a la adaptación medioambiental. Reconocer y abordar estos aspectos es crucial para la gestión eficaz de los recursos y el bienestar de las personas y las comunidades.

Al llegar a la culminación de la exploración, la profunda importancia del agua como sinónimo de vida se hace evidente. El viaje a través de la intrincada red de funciones del agua (desde el mantenimiento de los procesos fisiológicos hasta el fomento del bienestar social) revela por qué este precioso recurso se denomina a menudo como «dador de vida».

El agua no es solo un recurso; es el elixir universal que da vida a todo. Todos los seres vivos dependen del agua para su supervivencia y vitalidad, desde las criaturas más diminutas hasta los árboles más altos.

A lo largo del capítulo ha leído que el agua es algo más que una bebida. Es la base de la vida humana, desde los primeros días de desarrollo hasta el sustento de las comunidades y los cimientos de las grandes civilizaciones. Es la fuerza nutritiva que da inicio al curso de la vida. La esencia del agua como vida no es solo una metáfora, sino una verdad fundamental. Su privación trae consecuencias que resuenan en la experiencia individual y en la sociedad. Como administrador de este precioso recurso, debe apreciar y salvaguardar el agua, no solo como un deber medioambiental, sino como un compromiso con la esencia de su vida. Mediante la comprensión, el aprecio y la acción colectiva, puede preservar la vitalidad del agua para las generaciones venideras.

En los próximos capítulos, descubrirá todo lo relacionado con el agua y las herramientas necesarias para conseguirla de forma natural. Este texto le servirá como una guía completa de supervivencia con agua que puede mantenerlo en pie en situaciones inesperadas y en las condiciones más duras.

Capítulo 2: Hidrogeografía

Si alguna vez ha viajado solo por zonas remotas, es probable que haya tenido que buscar agua al segundo o tercer día, como mucho. Encontrar agua no suele ser difícil, a menos que se encuentre en una zona árida. Normalmente, basta con comprobar la calidad y tratar el agua de grandes ríos o lagos. La clave para encontrar agua en la naturaleza es prestar atención. En una emergencia, la reacción inicial suele ser el pánico y el estrés. Sin embargo, ponerse histérico empeora las cosas, por lo que es crucial mantener la calma. Estar preparado ayuda a mantener la cabeza fría.

No se preocupe demasiado si no ve fuentes de agua evidentes, como ríos, lagos, arroyos o charcos. Respire profundo varias veces. Busque las señales que le da la naturaleza. Dado que todos los seres vivos necesitan agua, la presencia de cualquier forma de vida indica que hay agua utilizable cerca.

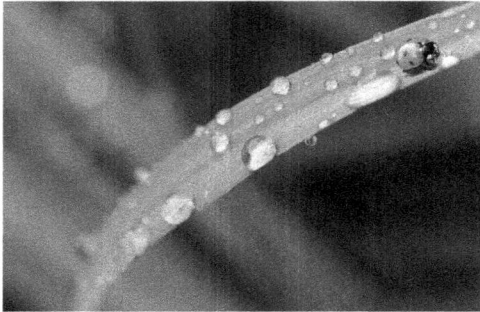

Cualquier forma de vida indica que hay agua utilizable cerca
https://pixabay.com/photos/raindrops-sheets-ladybug-574971/

Comprender las características del terreno para encontrar agua

En las regiones áridas, el agua potable disponible es escasa. A veces, las fuentes de agua solo se detectan al pisarlas. Además, las señales cruciales, como las capas del suelo, las plantas indicadoras y los animales, a menudo solo pueden identificarse en las proximidades de una fuente de agua, lo que hace que la observación sea importante.

Para encontrar zonas prometedoras, es esencial tener en cuenta las características geológicas del entorno. El agua fluye hacia abajo y se acumula o va a parar al subsuelo en el punto más bajo del terreno. Inspeccionando los alrededores, se pueden identificar fácilmente indicios de la existencia de aguas superficiales o subterráneas.

Al examinar las características geológicas, es útil saber que la roca y las capas de suelo continúan bajo tierra con el mismo patrón que presentan en la superficie. No tenga en cuenta las capas de suelo por encima de la roca y podrá saber cómo se extiende el terreno por debajo.

Por ejemplo, si estima que una intersección de dos laderas rocosas está debajo de unos escombros de erosión, puede marcar este punto como punto potencial de flujo de agua. Recuerde que el agua no tiene por qué salir a la superficie, sino que puede fluir en el sedimento muchos metros por debajo. A pesar de ello, estos depósitos naturales tienen una gran ventaja, ya que no se ven afectados por la evaporación debido a la falta de luz solar y pueden retener el agua durante décadas sin lluvias.

En determinadas situaciones, cuando no se drena rápidamente, el agua se acumula por encima del nivel freático. Por lo general, el nivel del agua de las masas abiertas indica el nivel de las aguas subterráneas locales, situadas entre una capa de suelo confinante (acuicludo) y el nivel de las aguas superficiales. Las zanjas en la ladera de una montaña sugieren el curso que puede seguir el agua, indicando la ubicación del flujo por encima o por debajo del suelo. Los cañones o desfiladeros indican la erosión del agua tras fuertes precipitaciones. Siga el cauce seco hasta que encuentre una barrera; si hay un depósito de agua subterráneo, puede que esté ahí. Una cresta montañosa sin flujo natural puede contener un lago de montaña abierto o un depósito de agua bajo el sedimento con un flujo muy lento a través del lecho rocoso.

Los acantilados superpuestos con valles profundos son puntos potenciales para ríos o estanques superficiales. En una depresión de una extensa llanura, si hay agua subterránea, es probable que se encuentre en el punto más bajo de la depresión.

Detectar la presencia de agua: huellas de animales y plantas indicadoras

El rastreo de animales salvajes es un método fiable para encontrar agua en un entorno natural. Sin embargo, algunos mamíferos, especialmente los de regiones áridas, se han adaptado a fuentes de agua alternativas o soportan largos periodos sin agua, lo que hace que las huellas de animales sean menos fiables. Un ejemplo extremo es la rata canguro, que vive en el desierto y recicla el agua condensada de su aliento en su mucosa nasal. Los mamíferos más grandes pueden recorrer grandes distancias para llegar al bebedero más cercano.

Hay muchas historias sobre los insectos y su relación con el agua, pero hay que tomarlas con precaución. Aunque se sabe que las abejas y los mosquitos dependen del agua, esto es cierto sobre todo para las especies de climas moderados y húmedos. El viento puede arrastrar animales individuales o enjambres a zonas sin agua, en las que pueden sobrevivir durante semanas o meses.

Plantas y animales indicadores

- **Helechos, musgos y cola de caballo:** Estas plantas dependen del agua para su desarrollo y su presencia generalizada en todo el mundo las convierte en valiosos indicadores de suelos húmedos o intermitentemente líquidos. Cuando encuentre zonas con abundancia de helechos, musgos y cola de caballo, hay una gran probabilidad de que haya fuentes de agua cercanas.

- **Árboles de pradera acuática de crecimiento rápido (por ejemplo, álamo, sauce):** Las características de los árboles de crecimiento rápido de las praderas acuáticas, como el álamo y el sauce, revelan información importante sobre el entorno. Sus raíces poco profundas y su preferencia por las zonas templadas los convierten en indicadores fiables que sugieren la presencia de suelo húmedo o agua superficial en las proximidades.

- **Pandanos:** Presente en playas y en ríos, lagos, pantanos y estanques de agua dulce de Oceanía, los pandanos son una pista importante. Estas plantas sirven como indicadores que apuntan a la existencia de yacimientos de agua dulce bajo la superficie.

- **Taro y otras aráceas (grandes):** El gran follaje del taro y de plantas similares es un claro indicador de la humedad del suelo. Su presencia, habitual en el sudeste asiático cerca de ríos, lagos y pantanos, indica la existencia de zonas con humedad constante, lo que proporciona información valiosa a los buscadores de agua.

- **Juncos y eneas:** Los juncos y las eneas, que prosperan en aguas eutróficas de todo el mundo, son indicadores fiables de un suelo húmedo. Su presencia indica la existencia de zonas con alta probabilidad de agua líquida, lo que ofrece pistas esenciales a quienes buscan fuentes de agua.

- **Helechos arborescentes:** Los helechos arborescentes de las regiones tropicales y subtropicales, que solo sobreviven a breves periodos de sequía, indican la presencia de un suelo constantemente húmedo. La presencia de estos helechos sugiere un entorno local con un suministro de agua estable.

- **Ratas:** Con distribución mundial, las ratas suelen encontrarse cerca de ríos, lagos y canales de corriente lenta. Aunque no indican directamente la presencia de agua, su proximidad a masas de agua es una consideración relevante, sobre todo a la hora de evaluar el ecosistema global en función de las necesidades de supervivencia.

- **Caracoles (de agua):** Las especies más grandes de caracoles, dotadas de epifragma, suelen encontrarse en suelos húmedos de todo el mundo con un nivel de agua alto. Su presencia indica zonas con fuentes de agua accesibles, ya que estos caracoles prosperan en entornos donde el agua está fácilmente disponible.

- **Cacatúas, palomas, guacamayas, etc.:** Las reuniones masivas de aves como cacatúas, palomas y guacamayas son signos audibles y visibles de la presencia de agua desde largas distancias. Estas aves suelen encontrarse cerca de ríos, lagos y pantanos en todo el mundo, por lo que su presencia es un indicador fiable de la cercanía de fuentes de agua.

En el interior de Australia, las abejas no son un indicador fiable de la proximidad del agua. Muchos insectos y arácnidos pueden sobrevivir con escasas gotas de rocío, microscópicamente pequeñas, durante sus fases de desarrollo y abastecimiento de agua.

Ciertas criaturas son especialmente útiles como indicadores de agua, ya sea en forma líquida o contenida en el suelo. Entre ellos se encuentran organismos estacionarios como las plantas y animales muy móviles que se congregan en gran número, como las aves.

Indicadores de suelos húmedos

- En las regiones templadas, las cañas y los juncos son indicadores vitales del agua, ya que crecen en hábitats con suelos muy húmedos. Su presencia sugiere la disponibilidad de agua líquida en las proximidades.

- En todo el mundo, los juncos o eneas son fácilmente identificables por sus hojas largas y anchas e indican la existencia de suelos húmedos o pantanosos. También sirven como sustitutos del agua.

- Alrededor del Ecuador, en Asia y África, el taro y otras aráceas de hojas grandes son importantes indicadores de agua, pues prosperan en condiciones húmedas.

- Los helechos arborescentes tropicales, incapaces de soportar largos periodos de sequía, se asientan en el suelo húmedo de laderas y valles, indicando flujos de agua subterráneos en regiones montañosas.

- Incluso las palmeras del desierto, que necesitan agua debido a la fluctuación del nivel freático, pueden encontrarse en zonas sin agua superficial. Su presencia sugiere la probabilidad de que haya agua, incluso en lugares aparentemente estériles.

Identificación de fuentes de agua subterránea

1. Manantiales

La forma más sencilla de acceder al agua es a través de manantiales, donde el agua subterránea emerge de forma natural a la superficie. Los manantiales adoptan diversas formas, como el «reocreno», donde el agua gotea o brota a borbotones. A menudo, los manantiales desembocan en estanques o pantanos cuando su nivel de agua está por encima del nivel del suelo. Los manantiales de infiltración son masas de agua más pequeñas sin una entrada o salida clara que yacen sobre capas de suelo confinantes. Reconocer las ubicaciones probables implica comprender las estructuras geológicas del paisaje.

Indicadores de manantiales fiables

Un manantial fiable puede tener una temperatura del agua relativamente baja (alrededor de 5 a 10°C [41 a 50°F] en zonas templadas, aproximadamente 20°C [68°F] en los trópicos) en comparación con la temperatura ambiente. Los torrentes pueden transportar más agua bajo la superficie que la visible, especialmente en zonas con suelo suelto. Una capa de suelo bajo piedras sueltas puede almacenar y descargar agua en estructuras similares a lagos o ríos sin que sea evidente en la superficie.

2. Pozos

Los pozos son intentos artificiales de llegar a la capa freática. Aunque los pozos típicos no necesitan instrucciones detalladas, es crucial recordar que los pozos suelen ser propiedad privada, por lo que se requiere el permiso del propietario antes de utilizar el agua. El término «pozo» engloba cualquier estructura artificial que llegue a la capa freática, incluidos simples agujeros excavados con una profundidad de entre uno y dos metros.

Los pozos se construyen para llegar a las aguas subterráneas

Pozos de infiltración

La excavación puede valer la pena en regiones donde las características geológicas u otros factores sugieren que el nivel freático está cerca de la superficie. En las regiones subtropicales, es posible que el agua no se pueda extraer como líquido, sino que se recoja como tierra húmeda o lodo de la zona no saturada mediante un pozo de succión. Un nivel freático alto es indicado por la presencia de masas de agua cercanas, aunque estén contaminadas. Al excavar, preste atención a los malos olores procedentes de las capas del suelo, ya que pueden significar que el agua está contaminada.

Consideraciones importantes

- Los pozos que son propiedad privada requieren permiso antes de su uso.
- Los pozos de infiltración tienen sentido en zonas donde las características geológicas o indicadores fiables sugieren una capa freática cercana.
- La proximidad de una masa de agua ayuda a estimar el nivel freático.
- Los olores fétidos durante la excavación pueden indicar la presencia de agua contaminada, lo que obliga a modificar la ubicación del pozo.

Comprender estos aspectos puede mejorar su capacidad para localizar y acceder a aguas subterráneas en varios terrenos y condiciones.

Pozos de succión

Cuando el sedimento carece de humedad suficiente para la extracción de agua líquida, puede considerarse la construcción de un pozo de succión. Cubra el fondo de la fosa con material vegetal o tela y coloque dentro una caña, un tubo de plástico o un objeto similar. Rellene la fosa con tierra bien compactada, permitiendo que el agua líquida sea succionada por el material y, posteriormente, a través de la caña o el tubo, hasta su boca. Si este método resulta infructuoso, puede ser necesario tragar tierra húmeda o apretarla a través de una tela. En casos extremos, es posible que tenga que destilar el agua.

Yacimientos de agua dulce

Aunque el término «yacimiento de agua dulce» puede evocar imágenes de fotografía submarina, en realidad denota un fenómeno vital que salvaguarda el agua potable en islas y playas solitarias. Para comprender la dinámica de esta fuente de agua dulce, hay que profundizar en el concepto de densidad. En esencia, la disolución de una sustancia soluble en agua provoca la ruptura de moléculas o iones cargados, que se dispersan entre las moléculas de agua y alteran su densidad. Imagínese que hace un filtro de agua improvisado con una combinación de grava gruesa y arena fina. La adición de arena duplica el peso, pero apenas afecta al volumen, lo que demuestra el impacto sobre la densidad.

Si cambia la arena por sal de mesa, el resultado es distinto. La sal se disuelve, dividiéndose en iones Na^+ e iones Cl- (disociación), lo que aumenta la densidad. Esta disparidad en la densidad explica por qué el agua salada pesa más que el agua dulce. Un litro de agua dulce pesa alrededor de 1 kilogramo, mientras que el agua de mar del mismo volumen pesa unos 30 gramos más. Al igual que la espuma de poliestireno flota mientras que el plomo se hunde, el agua dulce (de menor densidad) descansa sobre el agua salada. Este fenómeno, conocido como yacimiento de agua dulce o yacimiento de Ghyben-Herzberg, se forma en suelos porosos como la arena, especialmente donde se encuentran con el mar, en caso de lluvias ocasionales.

A diferencia de las aguas subterráneas convencionales, los yacimientos de agua dulce no dependen de capas impermeables; el agua salada bajo la isla actúa como capa de confinamiento. Los niveles de los yacimientos de agua dulce son más altos que el nivel del mar. Cuando busque agua dulce en la playa, evite las zonas más bajas y explore los puntos más altos de la meseta de la isla en busca de charcos u otros indicadores de agua.

Es posible que en las islas más pequeñas no haya verdaderos yacimientos de agua dulce, sino agua salobre. La evaluación de la salinidad es crucial en estos casos. Mientras tanto, las fuentes submarinas de agua dulce de las playas continentales, impulsadas por ríos subterráneos, son discernibles a través de estructuras geológicas como zanjas montañosas o depresiones inclinadas hacia el mar.

Recoger agua de estas fuentes es similar a hacerlo en yacimientos de agua dulce, pero está más cerca de la playa debido al constante flujo interior. Contrariamente a los mitos, la arena no «filtra» la sal, y las vetas opacas en el agua de mar indican la existencia de manantiales submarinos. Las fuentes interiores de agua dulce que desembocan en el mar son requisitos previos para encontrar agua dulce en la playa. Si no hay agua interior, lo más probable es que todo lo que se encuentre cerca del mar sea salobre.

Movimiento del agua a través de los paisajes

El movimiento del agua a través de los paisajes es un proceso dinámico en el que influyen diversos factores. Comprender estos patrones facilita la búsqueda de fuentes de agua en distintos terrenos.

Flujo de aguas superficiales

El flujo de agua superficial se refiere al movimiento del agua a través de la superficie de la Tierra. Esto puede ocurrir a través de varios canales, incluyendo ríos, arroyos y el flujo de las precipitaciones. La dirección y la velocidad del flujo de agua superficial son determinadas por la topografía del terreno. El agua sigue el camino de menor resistencia, a menudo excavando valles y canales a medida que fluye cuesta abajo.

Reconocer los patrones de flujo de las aguas superficiales implica observar los contornos del terreno e identificar los posibles cursos de agua. Comprender la interconexión de los sistemas de agua superficiales ayuda a predecir dónde se acumula el agua o por dónde fluye durante las precipitaciones.

Flujo de aguas subterráneas

El movimiento de las aguas subterráneas, también conocido como flujo subsuperficial, se produce bajo la superficie terrestre en el interior de acuíferos y formaciones rocosas permeables. Este flujo de agua subterránea es fundamental para mantener los niveles de las aguas subterráneas y las características de las aguas superficiales. Identificar el movimiento de las aguas subterráneas implica evaluar las formaciones geológicas y las características de los acuíferos.

Los manantiales, donde el agua subterránea aflora a la superficie, son indicadores del flujo de agua subsuperficial. Reconocer la relación entre el movimiento de las aguas superficiales y subterráneas proporciona información valiosa sobre la disponibilidad global de agua en una zona determinada.

Cómo influyen las características del paisaje en el movimiento del agua

Pendientes y gradientes

La pendiente y el gradiente del terreno influyen significativamente en la dirección y velocidad del movimiento del agua. El agua fluye naturalmente cuesta abajo, siguiendo los contornos del terreno. Comprender la dinámica de las pendientes permite predecir dónde puede acumularse el agua o formar canales.

Las pendientes pronunciadas contribuyen a que el agua superficial fluya con rapidez, lo que provoca erosión y promueve la formación de valles. Por el contrario, las pendientes suaves dan lugar a un movimiento más lento del agua, permitiendo la retención del agua y la humedad del suelo.

Permeabilidad del suelo

La permeabilidad del suelo, o su capacidad para conservar agua, es un factor crucial que afecta el movimiento del agua. Los distintos tipos de suelo presentan diferentes permeabilidades, que influyen en cómo se absorbe, retiene o drena el agua. Los suelos arenosos, por ejemplo, tienen una alta permeabilidad, lo que permite que el agua pase rápidamente a través de ellos.

Reconocer la permeabilidad del suelo ayuda a evaluar la probabilidad de retención de agua y el potencial de recarga de las aguas subterráneas. También ayuda a comprender cómo interactúa la vegetación con la humedad del suelo, proporcionando pistas adicionales para la detección de agua.

Conceptos erróneos y mitos comunes

Encontrar agua puede ser complicado y muchos mitos pueden llevarlo por el camino equivocado. Esta sección pretende aclarar algunos malentendidos comunes y garantizar que conozca la forma correcta de encontrar agua en distintos lugares.

Mitos sobre diferentes terrenos

- **Desiertos**: Es posible que haya oído que si cava en lugares bajos del desierto encontrará agua. Pues bien, no es tan sencillo. El agua no siempre se acumula en zonas bajas. Es más seguro conocer la geografía local, como los *wadis* (cauces de ríos secos) o las fuentes de agua subterráneas.

- **Los bosques:** Es un error suponer que todas las partes de un bosque tienen fácil acceso al agua solo porque el entorno es frondoso. Los indicadores de agua fiables, como las huellas de animales que conducen al agua, son más confiables que las suposiciones generales.

Enfoques basados en pruebas

- **Técnicas inteligentes:** Olvídese de los métodos místicos o del uso de varillas de adivinación. Confiar en técnicas científicas basadas en pruebas es mucho más confiable. Conocer el terreno, comprender los principios hidrológicos y reconocer pistas visuales es mucho más productivo.

- **Pistas visuales:** En lugar de confiar en rumores, es importante identificar pistas visuales en el paisaje. Detectar indicadores potenciales, como patrones específicos de vegetación, formaciones geológicas y comportamientos animales, es clave para encontrar agua.

- **Comprender el terreno:** Olvídese de las conjeturas y opte por un análisis sistemático del terreno. Saber cómo afecta la topografía al movimiento del agua le da muchas más posibilidades de encontrarla.

- **Conocimientos hidrológicos:** Familiarícese con los principios básicos de la hidrología. Eso significa comprender cómo fluyen las aguas superficiales, cómo se comportan las aguas subterráneas y cómo se comportan con el agua los distintos suelos. Estos conocimientos son su arma secreta.

Adaptarse a distintos entornos

- **Adapte su enfoque:** No todos los terrenos son idénticos, por lo que su enfoque tampoco debe serlo. Personalice sus métodos dependiendo de dónde se encuentre. Lo que funciona en un lugar puede no funcionar en otro.

- **Tenga en cuenta el clima:** Piense en cómo afecta el clima a la disponibilidad de agua. En zonas secas, ciertas plantas son indicadores fiables, mientras que en lugares más húmedos debe entender cómo se mueve el agua bajo la superficie.

En pocas palabras, olvídese de los mitos y céntrese en métodos sólidos y basados en pruebas. Si comprende los retos específicos de los distintos terrenos y confía en la ciencia, tendrá mucho más éxito a la hora de encontrar agua donde lo necesite. No se trata solo de sobrevivir, se trata de ser inteligente e informado en la naturaleza.

Capítulo 3: Recoger agua de lluvia y rocío

Una de las primeras consideraciones si quiere una vida fuera de la red de suministro es cómo obtener agua. No siempre hay cerca una gran masa de agua como un lago o un río, por lo que la recolección de lluvia y rocío pueden ser las únicas opciones. Cualquier persona debe tener un suministro constante de agua, por lo que recolectar el agua de lluvia puede ser la forma más fácil de lograr la autosuficiencia.

Cuando abre el grifo y sale agua, esta ya ha pasado por múltiples procesos para ser segura para el consumo humano. Si recoge el agua, tiene la responsabilidad de asegurarse de que es utilizable. Por lo tanto, es esencial aprender los mejores métodos para recoger agua y cómo procesar el líquido vital.

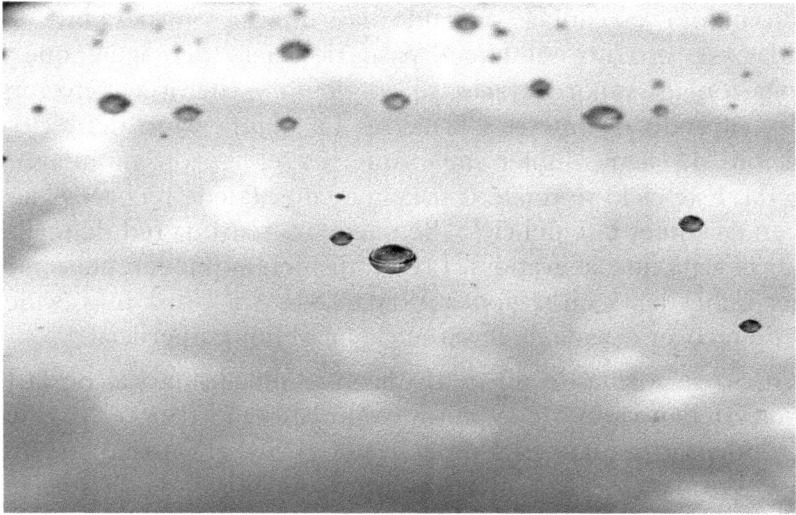

Agua de lluvia y rocío

Si dispone de los conocimientos necesarios para entender los procesos naturales y utilizarlos en su beneficio, podrá crear sistemas de supervivencia viables. Además, estará informado sobre los protocolos de seguridad esenciales para mantener su salud y utilizar el agua de forma responsable. Desmitifique la recolección de agua de lluvia y rocío con consejos prácticos e información creíble sobre los patrones climáticos y los ecosistemas, los microbios y la filtración.

El proceso de formación de la lluvia y el rocío

Para recoger rocío o lluvia, debe estar en el entorno adecuado y comprender el funcionamiento de los procesos naturales. Si está en una zona seca, puede que necesite almacenar más, mientras que si está en un clima tropical donde la lluvia es abundante, las potenciales inundaciones van a ser un problema a tener en cuenta a la hora de guardar agua de lluvia. Si no está cerca de una fuente de agua natural, o la masa de agua a la que tiene acceso está contaminada, la mejor opción que tiene es recoger la lluvia y el rocío.

La lluvia forma parte del ciclo del agua, que consta de cuatro partes principales. La primera sección es la evaporación. El sol calienta el agua de la superficie, acelerando las moléculas hasta que el agua líquida se convierte en vapor de agua. La segunda parte del ciclo del agua es cuando el vapor llega al cielo. La atmósfera enfría el vapor, condensándolo en nubes. Cuando las nubes son pesadas y están saturadas, se produce el tercer paso del ciclo del agua, que es la precipitación. El vapor de agua se condensa y vuelve a convertirse en líquido, cayendo de nuevo a la tierra. La última parte del ciclo es la formación de agua subterránea, que es el mejor momento para recogerla. Este ciclo se repite constantemente. Puede recoger el agua de lluvia en cualquier fase del ciclo. Se puede utilizar una red de malla para recoger el agua que se evapora. Los atrapanieblas pueden utilizarse para recoger nubes bajas en regiones montañosas. La forma más evidente y eficaz de recoger el agua de lluvia es captar el flujo superficial.

El rocío se forma de un modo ligeramente distinto al de la lluvia, pero intervienen varios de los mismos procesos. El rocío es el resultado de la condensación, que es el proceso por el cual el gas se transforma en líquido. Por las noches o en las primeras horas de la mañana, la superficie de los objetos se enfría porque el sol ya no les llega directamente. Cuando una superficie u objeto se enfría lo suficiente, el aire que lo rodea también se enfría. El aire caliente retiene mejor el vapor de agua que el aire frío. El aire frío condensa el vapor de agua, lo que provoca la formación de pequeñas gotas. Las condiciones óptimas en las que se forma el rocío se llaman «punto de rocío». La formación de rocío depende de numerosos factores ambientales, como la ubicación geográfica, la temperatura y el viento. El rocío se forma mejor en regiones húmedas, como las selvas tropicales. En los desiertos, las condiciones no son adecuadas para que se forme mucho rocío, porque el aire es demasiado seco. Por lo tanto, todo lo que se necesita para recoger el rocío es una superficie adecuada y una región que reúna las condiciones ambientales necesarias.

Métodos de recogida de lluvia y rocío

Desde la antigüedad, los seres humanos se han asentado cerca de fuentes de agua. Si estudia cualquier civilización, descubrirá que surgió de un lugar centralizado que tenía un río, un manantial o un lago. La civilización del antiguo Egipto nació de las ricas tierras agrícolas cercanas al Nilo, y Roma surgió de un pantano en Italia. Al establecer una granja aislada de la red de suministro, o si se encuentra en una situación de supervivencia, a veces la única opción es recoger agua de lluvia.

La recogida de lluvia y rocío es una opción barata y cómoda para obtener agua que puede instalarse rápidamente. La recogida de lluvia tiene algunos inconvenientes, como las lluvias estacionales y las sequías. Sin embargo, con un poco de suerte y la instalación adecuada, puede tener un sistema de recogida de agua de lluvia y rocío que funcione durante todo el año. La forma más sencilla de recoger agua es utilizar recipientes para recoger la escorrentía superficial. Existen en el mercado tanques de agua de plástico creados para este fin. El tanque de agua se instala cerca del tejado o en algún lugar donde fluya el agua de lluvia. Se conectan canalones al tanque para recoger el agua. Luego se almacena en los recipientes, a los que se puede acceder cuando sea necesario. Lo bueno de este método es que se pueden utilizar los mismos principios para crear opciones más baratas utilizando materiales reciclados. Sin embargo, siempre debe asegurarse de que el recipiente en el que almacena el agua no alberga contaminantes nocivos.

También se pueden utilizar barriles más pequeños como opción más barata. Sin embargo, la cantidad de agua que puede almacenar disminuirá drásticamente en comparación con un tanque más grande. La ventaja de los barriles es que son más fáciles de mover. Los tanques de agua llenos necesitan maquinaria para ser trasladados y requieren mucho más esfuerzo. Colocar unos cuantos barriles alrededor de su casa, cerca de los canalones, puede ayudarle a cubrir algunas de sus necesidades básicas de agua, como lavar o regar el jardín, pero es poco probable que pueda desconectarse totalmente de la red si depende solo de este método.

Un gavión es una forma más permanente de recoger el agua de lluvia
No se ha proporcionado un autor legible por máquina. Zimbres asumidos (basados en reclamaciones de derechos de autor). CC BY-SA 2.5<https://creativecommons.org/licenses/by-sa/2.5>, vía Wikimedia Commons: https://commons.wikimedia.org/wiki/File:Gabion1.jpg

Una forma más permanente y laboriosa de recoger el agua de lluvia es un gavión. Este dique básico se compone de rocas colocadas dentro de un muro delimitador alambrado. A continuación, se coloca una mezcla de cemento sobre las rocas para sellar los huecos. Dependiendo del tamaño del gavión, se puede recoger una gran cantidad de agua de lluvia. Como el agua estará estancada, debe ser preciso con los procesos de desinfección y limpieza. Los materiales necesarios son relativamente baratos. La malla metálica para las paredes puede comprarse en cualquier ferretería local y las rocas también pueden comprarse o incluso recogerse, dependiendo del terreno al que se tenga acceso.

Las hondonadas y los canales son muy útiles para recoger el agua de lluvia con fines agrícolas. Las hondonadas son zanjas poco profundas excavadas estratégicamente para canalizar el agua de grandes superficies cuesta abajo hacia los cultivos. Si se hace correctamente, este sencillo sistema de riego ahorra miles de dólares al año para cualquier comunidad o granja de subsistencia sin conexión a la red. Muchas comunidades rurales de África y Asia utilizan pantanos porque su subsistencia está directamente ligada a su éxito con la tierra.

La recolección de rocío, que es una forma de obtener agua para la vida autosuficiente que a menudo se pasa por alto, funciona mejor en zonas con mucha humedad. Los métodos de recolección de rocío a veces pueden parecer rudimentarios, pero son eficaces. La primera forma sencilla de obtener agua de rocío es recogerla de la hierba. En primer lugar, necesita un recipiente de almacenamiento. Después, necesita un paño absorbente de lana, algodón o un compuesto similar de materiales sintéticos. Temprano en la mañana, cuando el rocío se haya asentado, coloque el paño sobre la hierba para que absorba el agua. Una vez que esté lleno de humedad, escúrralo y colóquelo en el recipiente para recoger el agua. Repita este proceso hasta que haya recogido toda el agua que necesite. Este método también se puede utilizar con otras plantas y hojas, pero asegúrese de que no son tóxicas antes de aplicar esta técnica.

Puede utilizar una lona impermeable para recoger el rocío

Una lona impermeable también puede utilizarse para recoger el rocío. Al decidir sobre cualquier estilo de vida de preparación para la supervivencia o fuera de la red, un principio central es usar lo que tenga. Mucha gente tiene lonas en su garaje o depósito. Para este método de recogida de agua, también puede utilizar impermeables o una carpa vieja como lona improvisada. Busque un talud o construya uno donde tenga espacio en la naturaleza o en su terreno. Utilice ladrillos y tierra para sujetar la lona. Coloque la lona en forma de triángulo en el suelo, doblando los lados sobre los ladrillos y la tierra y fijando el material al suelo. Cree un embudo en el extremo de la lona. Asegúrese de que haya tierra debajo de la lona para enfriar el material por la noche. Coloque un recipiente en el extremo del embudo que ha creado y deje que las gotas de rocío fluyan lentamente hacia él. La gravedad le ayudará con este método. Por eso, debe construir el artilugio en una pendiente.

Enfoques tradicionales e innovaciones

Las culturas antiguas comprendieron el valor de recoger el agua de lluvia. Así, se desarrollaron diversos sistemas en todo el mundo para recoger la lluvia. Hoy en día, el agua de lluvia se sigue recogiendo en las grandes ciudades a través de una compleja red de canalones y construcciones de aguas grises que canalizan el agua hacia presas y a través de plantas de procesamiento. Los métodos tradicionales de recogida de agua de lluvia son más toscos que las maravillas del mundo moderno, pero allanaron el camino para estos nuevos sistemas.

Un *qanat* es una técnica tradicional de recogida de agua de lluvia utilizada en Medio Oriente
Pafnutius, CC BY-SA 3.0<https://creativecommons.org/licenses/by-sa/3.0>, vía Wikimedia Commons: https://commons.wikimedia.org/wiki/File:QanatFiraun.JPG

Una técnica tradicional de recogida de agua de lluvia utilizada en Medio Oriente son los *qanats*. Estas obras maestras de la ingeniería canalizan el agua desde pendientes subterráneas hacia zonas agrícolas o para utilizarla como agua potable. El mismo método se ha aplicado en varias regiones norteafricanas y asiáticas. En Omán, la construcción se denomina *falaj*, y en los países norteafricanos que utilizaban esta tecnología se denominaba *khettara* o *foggara*. En Asia Central y Pakistán se utiliza el término *karez*. Todos estos nombres describen la misma estructura básica. Se excavan agujeros verticales en una ladera que desembocan en un canal horizontal subterráneo. El canal conduce a la parte inferior de la pendiente, donde el agua se recoge en un tanque de almacenamiento o una presa o se dispersa en canales de riego. Las técnicas modernas de recogida de agua han eliminado la necesidad de generalizar el uso de *qanats*. Sin embargo, está surgiendo un nuevo interés por esta tecnología como método potencial para la captación sostenible de aguas subterráneas.

Los pozos escalonados son una forma popular de recoger el agua de lluvia en la India
Jakub Hałun, CC BY-SA 4.0<https://creativecommons.org/licenses/by-sa/4.0>, vía Wikimedia Commons:
https://commons.wikimedia.org/wiki/File:20191219_Panna_Meena_ka_Kund_step_well_Amber_Jaipur_1132_9646.jpg

En la India y otras zonas del subcontinente, el uso de pozos escalonados para recoger el agua de lluvia era muy popular. Construir un pozo escalonado es una tarea que requiere muchas manos. La estructura ocupa una gran superficie para recoger la mayor cantidad de lluvia posible. Los espacios donde se ubicaban los pozos escalonados solían ser comunales, pero recientemente, con el avance de la tecnología y la urbanización, cayeron en desuso. Un pozo escalonado se construye en una plaza, con escalones que canalizan el agua superficial hacia el estrecho pozo situado en el centro de la construcción. Algunos de estos antiguos pozos están decorados elaboradamente, lo que demuestra la importancia que tuvieron en la vida cotidiana de generaciones pasadas.

Puede aplicar los principios de estas estructuras antiguas a su sistema personal de recogida de agua, como el uso de una gran superficie para recoger el agua, la manipulación de la gravedad en su beneficio y la construcción de canales para transportar el agua bajo tierra en pendientes. Algunos de estos viejos principios han resistido el paso del tiempo, pero pueden combinarse con innovaciones modernas. Los antiguos no solo eran maestros en la recogida de agua de lluvia, sino que también conocían múltiples técnicas de recolección de rocío. En Israel, los arqueólogos han descubierto muros circulares bajos construidos alrededor de la vegetación para atrapar el agua condensada. Los sudamericanos y los egipcios utilizaban un método similar: apilar piedras para que el vapor de agua se enfriara entre los huecos bajo los que se colocaba un recipiente para recoger las gotas que caían.

Puede que haya llegado el momento de renovar y mejorar algunas de estas técnicas de recogida de rocío y lluvia, ya que confluyen múltiples factores que las convierten en una necesidad para el futuro. Con la contaminación y el cambio climático, el agua será cada vez más escasa, por lo que es posible que las familias tengan que encontrar formas de recoger la lluvia. Además, la recogida de agua de lluvia puede crear un futuro más sostenible, ya que se recoge la escorrentía de las aguas pluviales en lugar de dejar que el agua fluya, arrastrando polución y contaminantes. Además, el flujo superficial del agua puede provocar la erosión del suelo, lo que repercute en la seguridad alimentaria. A medida que aumenta la inestabilidad financiera en todo el mundo, recoger la lluvia y el rocío también es una forma de ahorrar dinero.

Los tanques subterráneos de almacenamiento de agua han demostrado ser una innovación bien acogida por el espacio que ahorran. En los entornos urbanos, el espacio es un bien al que no muchos tienen acceso. Este problema se ha resuelto trasladando el almacenamiento de agua al subsuelo para disponer de más superficie en ciudades estrechas. Los jardines de lluvia verticales y los tejados verdes también han ganado popularidad. Los tejados verdes, también llamados tejados vivos, son jardines especialmente construidos en la parte superior de un tejado para cultivar flores y productos agrícolas. El suelo actúa como una esponja de la que se recoge el agua. Además, los tejados verdes ahorran energía, porque proporcionan aislamiento adicional en invierno. Los jardines de lluvia verticales son instalaciones de plantas apiladas que se colocan cerca de los canales para guiar el agua de lluvia y producir alimentos en espacios limitados.

En cuanto al campo de la recogida de rocío, una de las innovaciones centrales es el uso de superficies acanaladas. Cuando se utilizan superficies acanaladas en una pendiente, la profundidad del canal hace que se produzca más condensación, lo que permite recoger gotas más grandes. Esto hace que la recogida de rocío sea mucho más eficaz y menos laboriosa. También se han instalado colectores de niebla en algunas zonas montañosas para recoger las nubes bajas. Los atrapaniebla utilizan un material de malla hecho de fibras sintéticas como el nailon para recoger las gotas de la atmósfera. A continuación, estas gotas se canalizan hacia contenedores de plástico. Los atrapanieblas solo funcionan en entornos específicos donde hay humedad y la niebla es habitual, pero usarlos es una forma fácil y eficaz de recoger la humedad directamente del aire.

Consideraciones de seguridad

El agua recogida de la lluvia y el rocío no es inmediatamente potable. Los microbios y contaminantes presentes en el agua pueden causar enfermedades a personas y animales. Debe tener en cuenta para qué va a utilizar el agua de lluvia, como la descarga de los inodoros, el lavado, el riego o el consumo. Si va a consumir el agua que recoge, debe tener especial cuidado para asegurarse de que es potable.

Para limpiar el agua debe seguir dos pasos: filtrarla y desinfectarla. Al filtrar el agua se eliminan las partículas más grandes que pueden ser perjudiciales, como los metales y la suciedad, mientras que la desinfección mata todos los microorganismos dañinos. Existen distintos métodos de filtración. La técnica de filtración que utilice determina el tamaño de las partículas que pueden pasar por el filtro. Para la filtración se puede utilizar tela y arena. Se puede colocar arena de playa o de río en un tubo por el que se deja pasar el agua, o se puede verter el agua a través de alguna tela. Estos filtros son rudimentarios y no deben utilizarse para beber agua ni para cocinar. Puede comprar filtros estupendos que se acoplan a los grifos y filtran directamente el agua que sale de ellos.

Para desinfectar el agua, puede hervirla o utilizar productos químicos. Hervirla es un método antiguo, pero está probado y demostrado que mata muchos microbios que no pueden sobrevivir a las temperaturas extremas. Debe hervir el agua el tiempo suficiente para asegurarse de eliminar todos los organismos nocivos. Utilizar productos químicos para desinfectar el agua es un poco más complejo, porque hay que dosificarlos correctamente. La lejía y el cloro son dos productos químicos de limpieza de uso común. Sin embargo, pueden ser perjudiciales para el consumo si se utilizan en exceso, por lo que debe asegurarse de conocer las proporciones exactas antes de mezclar. El sabor y el olor del cloro pueden eliminarse del agua utilizando filtros especializados de carbón o carbono.

La luz ultravioleta es otra forma de desinfectar el agua. Este método puede ser caro y requiere saber cuánto tiempo debe exponerse el agua a la luz y cuánta agua puede desinfectar una bombilla. Este método está ganando popularidad a medida que la desinfección por UV se hace más aceptada socialmente. La destilación es otra forma eficaz de limpiar el agua. La destilación es el proceso de hervir un líquido hasta que se evapora y, a continuación, volver a enfriarlo para que vuelva a condensarse. La destilación es cara, porque se necesita mucha energía para hervir el agua hasta el punto de evaporarla. También puede utilizarse para separar la sal del agua.

La luz ultravioleta puede utilizarse para desinfectar el agua
Coleopter, CC BY-SA 4.0<https://creativecommons.org/licenses/by-sa/4.0>, vía Wikimedia Commons: https://commons.wikimedia.org/wiki/File:Uv_lamp.jpg

Antes de pasar por el proceso de filtración y desinfección, debe tener en cuenta el equipo que utiliza para recoger la lluvia y el rocío. Asegúrese de mantener limpias las zonas de captación y de sustituir los filtros con regularidad, siguiendo las directrices de los fabricantes. Si utiliza tejados para captar agua, asegúrese de limpiarlos bien antes de que llueva o haya grandes tormentas porque, al estar expuestos a la intemperie, pueden acumular mucha suciedad y gérmenes. Por último, recuerde guardar por separado el agua limpia y el líquido que acaba de recoger. Sus depósitos y barriles de almacenamiento deben estar fabricados con materiales que no contaminen el agua y debe limpiarlos con regularidad. Si su depósito está vacío, deseche la primera agua que recoja en él, porque es probable que contenga suciedad acumulada en el fondo.

Capítulo 4: Almacenamiento de agua de lluvia y rocío

Dado que recoger lluvia y rocío es una opción fácil y barata de obtener agua, mucha gente se inclina por este método. Sin embargo, recoger el líquido es solo la primera parte. Almacenar el agua de forma adecuada y asegurarse de que es potable puede suponer la diferencia entre la vida y la muerte. Hay cientos de enfermedades con síntomas atroces que se derivan del consumo de agua estancada, sin tratar o como resultado de protocolos de seguridad deficientes. Su bienestar está en sus manos, porque usted es el único responsable de almacenar el agua adecuadamente. Con un conocimiento básico de las consideraciones que debe tener en cuenta a la hora de almacenar agua, podrá tomar las medidas necesarias para mantenerla limpia durante largos periodos.

Almacenar agua de forma segura es primordial para sobrevivir de forma independiente
https://pixabay.com/photos/metal-container-technology-8332370/

Los recipientes que utilice, así como sus técnicas de desinfección y filtración, desempeñan un papel importante a la hora de almacenar un suministro de agua potable y segura. Su rutina de mantenimiento y el cuidado para mantener el agua libre de contaminantes tendrán un gran impacto en su salud. En una situación de supervivencia al aire libre o en una granja fuera de la red, almacenar agua de forma segura es primordial para sobrevivir. Aprenda los detalles que hacen que el agua sea segura para beber y qué medidas puede tomar para almacenarla con el fin de prosperar y tener abundancia de agua potable.

Contenedores de almacenamiento a largo plazo

A menos que viva en una región tropical, donde llueve constantemente, la estación húmeda pasa rápidamente. Esto significa que hay un tiempo limitado para reunir tanta agua como sea posible. La forma en que almacena el agua influye en su utilidad en las estaciones secas. El agua no tiene fecha de caducidad, así que puede almacenarla todo el tiempo que necesite. Sin embargo, el agua es portadora de todo tipo de microbios, parásitos y contaminantes. Los recipientes que utiliza para almacenar el agua son la primera línea de defensa contra los microorganismos que propagan enfermedades, por lo que debe pensar e investigar mucho y no almacenarla imprudentemente vertiendo agua en cualquier botella de plástico que encuentre.

Cuando se piensa en la forma de recoger el agua de lluvia, es fácil ver cómo puede llegar a ser peligrosa para el consumo humano. Por ejemplo, si el depósito está conectado a los canalones del tejado, los excrementos de los pájaros pueden llegar al agua, y nadie quiere beber un vaso de agua con materia fecal flotando en él. Hay que pensar en la cantidad de partículas extrañas que pueden llegar al agua. Aunque recoger agua de lluvia es sencillo, esta no es pura en absoluto. La lluvia recoge todo tipo de patógenos peligrosos de las superficies que toca.

El primer punto a considerar en el almacenamiento de agua a largo plazo son los contenedores. Los tanques y barriles en los que guarda el agua deben ser de calidad alimentaria. No todos los plásticos son iguales. Hay muchas maneras de fabricar plásticos que contribuyen a la calidad del material. El plástico apto para uso alimentario es de mayor calidad que los recipientes destinados a contener otras cosas. En los envases de plástico que utiliza, debería haber un número dentro de un triángulo. Este número se llama código de identificación de la resina, o número de reciclado, e indica de qué tipo de plástico está hecho un envase. Muchos plásticos de uso alimentario tienen el código HDPE o LLDPE, pero esta forma no es la más fiable para determinar si los envases son seguros para el almacenamiento. El mismo tipo de plástico que se utiliza para el agua puede usarse para almacenar otras cosas, como combustible, así que tenga cuidado, porque seguramente no quiere agua con sabor a gasolina. Los códigos RIC seguros para los recipientes en los que puede almacenar agua también incluyen PETE y PET.

La FDA determina qué plásticos son seguros para almacenar agua y alimentos. El plástico tiende a filtrarse en el agua, por lo que no es 100 % seguro. Sin embargo, algunos plásticos son más aptos que otros. El vidrio es probablemente el material más seguro para almacenar agua. Sin embargo, es poco práctico, porque no hay recipientes de cristal tan grandes para transportar mucha agua, además de que pueden romperse con facilidad, por lo que debe tener un cuidado especial. De todas formas, un pequeño recipiente de cristal puede ser buena idea si está al aire libre en una situación de supervivencia, aunque sigue existiendo el riesgo de romper el frágil material.

El grado de hermeticidad de los recipientes también influye en los contaminantes que pueden entrar. Los recipientes deben llenarse hasta el tope, para que no quede aire en su interior. Además, deben llevar una etiqueta que indique claramente para qué se puede utilizar el agua que contienen y la fecha de almacenamiento. Puede utilizar parte del agua para las plantas y las cisternas de los inodoros, aunque no sea apropiada para el consumo. Para no mezclar los usos de las distintas aguas que almacena, es esencial mantenerlas separadas y marcarlas claramente.

El agua almacenada debe agitarse al menos cada seis meses si no se utiliza. Puede ser tiempo suficiente para que llegue de nuevo la temporada de lluvias, pero no es aconsejable seguir bebiendo esa agua si no es así. Beber el agua que ha utilizado sin problemas durante todo un año puede ser tentador, pero basta un descuido para que se produzca un desastre. Debe ser tan cuidadoso con el agua como lo sería con un bebé recién nacido.

Algunas personas utilizan tarros de mermelada para beber y cocinar el agua, lo que también es una solución brillante para combatir los microbios y reducir los contaminantes. Estos tarros son fáciles de almacenar y pueden guardarse en cajas hasta que sea necesario. Dado que el vidrio es el mejor material para almacenar agua, los tarros herméticamente cerrados son ideales. Además, el uso de tarros de mermelada también permite transportar el agua con facilidad. Asegúrese de que los tarros estén limpios antes de verter agua en ellos. Otra ventaja de utilizar estos recipientes es que puede diferenciar el agua destinada a otros usos del agua destinada al consumo, ya que toda el agua potable se conservará en estos recipientes herméticos en lugar de en grandes depósitos de plástico.

Mantener el agua almacenada libre de contaminantes externos

Conseguir los recipientes adecuados es solo una parte de la batalla contra las enfermedades que pueden encontrarse en el agua. Una vez que el líquido está en los recipientes elegidos, debe asegurarse de que no se infiltren contaminantes externos. Un cierre hermético y un recipiente lleno hasta arriba son esenciales. El agua también debe conservarse en un lugar fresco y seco, a una temperatura de entre 50 y 70 grados Fahrenheit.

Debe limpiar las superficies en las que recoge el agua y esterilizar sus recipientes. En primer lugar, lave los recipientes con agua caliente y jabón. Una vez que haya enjuagado toda el agua jabonosa del recipiente, es hora de desinfectarlo. Mezcle una cucharadita de lejía sin aroma con cuatro vasos de agua. La lejía debe tener entre un 5 % y un 9 % de hipoclorito sódico. Agite bien el recipiente y deje reposar la mezcla durante unos treinta segundos. A continuación, enjuague bien el recipiente y déjelo secar al aire. Esto eliminará cualquier parásito o bacteria patógena que se haya acumulado en el interior del recipiente.

Si almacena agua para un uso prolongado, es probable que la guarde en recipientes más grandes y la vaya trasladando a otros más pequeños. Cualquier herramienta que utilice para trasvasar el agua de un recipiente a otro también debe mantenerse limpia y esterilizada. Si sumerge un balde sucio en un depósito de agua, cientos de litros de ese depósito se contaminarán. Por esa misma razón, es aconsejable no dejar nunca que las manos entren en contacto con el suministro de agua, ya que en la piel viven numerosos patógenos. El ser humano puede ser una fábrica ambulante de enfermedades, así que tenga cuidado con su cuerpo cuando interactúe con el agua.

Puede que sus inclinaciones ecologistas lo lleven a utilizar recipientes reciclados para almacenar el agua. Esto está bien, siempre y cuando no se hayan almacenado toxinas previamente en el recipiente y el material sea apto para uso alimentario. También debe asegurarse de que no haya grietas ni agujeros en los recipientes reciclados. Un contenedor dañado puede convertirse fácilmente en una superautopista para las enfermedades. Inspeccione sus contenedores antes de utilizarlos para asegurarse de que están en perfectas condiciones, especialmente si los va a utilizar para almacenamiento a largo plazo. Por eso también debe cerrar bien los contenedores. Otro consejo útil es utilizar recipientes de almacenamiento con cuellos estrechos para verter el agua sin tocar nada del contenido.

Algunos protocolos básicos de higiene son cruciales cuando se trabaja con agua, como lavarse las manos antes de manipular cualquiera de los recipientes de almacenamiento. Mantenga limpio el entorno en el que almacena el agua. Es mejor que sea un lugar elevado para evitar que se contamine con suciedad o excrementos de animales. La higiene es fundamental, porque lucha contra enemigos invisibles como parásitos, protozoos y bacterias patógenas.

Algunas personas utilizan estanques para almacenar agua

Algunas personas utilizan estanques o presas para almacenar agua, pero este método es más peligroso porque el agua está expuesta constantemente. No es aconsejable beber agua almacenada a cielo abierto en una presa. Se puede usar esa agua para otras cosas, como regar los cultivos o descargar los inodoros. Si tiene agua almacenada al aire libre, debe tener mucho cuidado y evitar que se mezcle con el agua potable. El agua de los embalses tiende a ser turbia, por lo que es el entorno perfecto para que se reproduzcan microbios y otros organismos vivos como mosquitos y moluscos, que también viven en estanques o embalses estancados. Los desechos de estos organismos pueden ser peligrosos para el ser humano, por no mencionar que en algunas regiones los mosquitos son portadores de la malaria.

Peligros del estancamiento de agua y cómo prevenirlo

Si alguna vez ha visto un video o un programa de televisión de supervivencia, sabrá que cuando la gente busca agua, nunca bebe de una fuente estancada y busca agua que fluya, como un río o una cascada. El agua estancada está viva, pero no en el buen sentido. En el agua estancada viven larvas de insectos, parásitos y otros microbios. Esto es preocupante, porque si almacena el agua en barriles, tanques u otros recipientes, es muy probable que no fluya. Por lo tanto, hay medidas de seguridad que debe tomar para mantener su bienestar cuando consume el agua de lluvia que ha almacenado.

El agua estancada es peligrosa para el consumo humano

El agua estancada es la clase de agua más peligrosa para el consumo humano. El agua se clasifica en cuatro categorías: agua limpia, agua gris, agua ligeramente contaminada y agua negra. El agua estancada a la intemperie es agua negra, porque los patógenos que engendra son muy peligrosos para el ser humano. Algunas de las enfermedades y parásitos más mortíferos y con costos sanitarios muy elevados, como la salmonela y la E. coli, se encuentran en las aguas estancadas. Virus como el de la hepatitis E y el rotavirus también proliferan en el agua estancada. El moho que se produce en estas aguas negras puede ser peligroso. La combinación de bacterias, virus, parásitos y moho hace que el agua estancada sea indeseable, especialmente cerca del agua potable.

Es habitual que la gente riegue sus plantas con agua estancada, pero los expertos recomiendan mantenerla completamente alejada de una propiedad. Puede llamar camiones especiales diseñados para deshacerse de esta agua. Introducir voluntariamente agua estancada en su propiedad es ilógico. Almacene el agua en recipientes herméticos para evitar la lista de problemas relacionados con el agua estancada.

Las botellas selladas con cuellos estrechos son la mejor opción para evitar la contaminación del agua que no fluye. Incluso en esta situación ideal, debe cambiar el agua cada seis meses o un año. Debe asegurarse de que los recipientes están herméticamente cerrados para evitar visitas no deseadas y debe mantenerlos alejados de la luz solar directa. Si almacena el agua en el exterior, en una presa construida por usted, debe tomar las medidas necesarias para que fluya. Notará que empiezan a formarse algas si el agua está quieta durante un tiempo suficientemente largo. Esta es una mala señal que indica que el agua no es potable y puede ser peligroso manipularla. Existen bombas portátiles para hacer circular el agua de las presas de almacenamiento. Debe tener en cuenta el costo de la electricidad o el combustible necesario para hacer funcionar estas bombas. Cuanto mayores sean sus reservas de agua, necesitará una bomba más potente. Hacer que el agua circule durante unas horas al día basta para evitar la acumulación de algas, pero no combate otros microorganismos más difíciles de ver.

Si no bebe el agua que almacena en el exterior, puede tener la tentación de dejar que se desarrollen las algas. Sin embargo, hay muchos peligros asociados al crecimiento de estas. Puede obstruir las tuberías si tiene sistemas de riego y oxidar los componentes metálicos de su granja; puede enfermar a sus animales e incluso matar algunas plantas. Evitar la formación de algas es mejor que buscar formas de tratarlas después, porque algunos de los productos químicos para erradicarlas también contaminan el agua.

Los grandes tanques de almacenamiento favorecen la proliferación de algas. Manténgalos alejados del sol en un lugar fresco y seco para impedir que esto suceda. También es necesario purgar los tanques, sobre todo después de la primera lluvia, para sacar todos los restos acumulados en el fondo. Las algas no crecen en un acuario bien sellado porque no tienen el aire que necesitan para crecer y propagarse. En aguas poco profundas y estancadas es donde prosperan las algas, por lo que si construye un dique, debe invertir esfuerzos y recursos para excavarlo en profundidad.

Rutina de mantenimiento para el agua potable

Como cualquier maquinaria que se use, su sistema de almacenamiento y distribución de agua de lluvia debe recibir mantenimiento. Puede parecer que todo funciona bien, pero basta con un detalle para que el sistema se descontrole. Las consecuencias de no hacer el mantenimiento necesario al sistema de recogida y almacenamiento de agua pueden ser terribles, porque pueden aparecer enfermedades.

La primera comprobación que debe hacer es que sus contenedores no estén dañados y que cierren correctamente. Los contaminantes se cuelan por las rendijas más pequeñas, así que debe comprobar constantemente que no haya fugas. Sustituya los depósitos o barriles con fugas para que su sistema de almacenamiento funcione en condiciones óptimas. Algunos recipientes de plástico tienen fecha de caducidad, por lo que si utiliza botellas para el almacenamiento, debe comprobar que sus recipientes siguen siendo aptos.

La limpieza es la base para mantener el agua potable. Las superficies de escorrentía deben mantenerse ordenadas, sobre todo antes de que llueva. Además, los grandes depósitos de agua acumulan suciedad y residuos en el fondo, por lo que debe purgar estos recipientes de vez en cuando para que aparezcan los patógenos. Las tuberías, canalones y accesorios conectados al depósito también deben estar impecables.

Aunque guarde el agua en botellas selladas aptas para el consumo, el plástico se filtra en el agua al cabo de un tiempo, por lo que es esencial mover el agua cada seis meses si tiene un suministro de emergencia. Asegúrese también de que el almacén esté desinfectado con lejía y de que las botellas de agua no estén en el suelo. La filtración es imprescindible, pero los filtros también deben cambiarse con regularidad, siguiendo las directrices del fabricante. El filtrado elimina varios parásitos y residuos del agua. Beba solo agua clara que haya sido filtrada y desinfectada para no contraer infecciones. Los recipientes deben mantenerse limpios, así que recuerde desinfectarlos después de cada uso.

La filtración y la desinfección son aspectos que deben tomarse en serio y que no pueden descuidarse. Existen muchos desinfectantes específicos en el mercado para el agua potable. Existen pastillas de cloro y yodo para limpiar el agua, pero recuerde que estos métodos solo deben utilizarse con agua clara y no turbia, ya que algunos microbios se esconden entre las partículas de suciedad para evitar los efectos desinfectantes de estos productos químicos.

Mantenga el agua limpia para beber y cocinar alejada del agua destinada a otros usos. El agua que utiliza para el inodoro puede no estar tan limpia como el agua que consume. El etiquetado es una parte esencial de su rutina de mantenimiento, por lo que debe sustituir cualquier etiqueta dañada y marcar los nuevos recipientes que introduzca en su sistema de almacenamiento de agua. Trasvasar el agua de un recipiente a otro con regularidad también ayuda a evitar que el agua tenga mal sabor. Sus manos y su ropa deben estar limpias cuando manipule el agua potable, así que respete protocolos de limpieza antes de entrar a la zona de almacenamiento.

Capítulo 5: El arte de purificar el agua

Después de recoger el agua, puede sentir la tentación de beberla o utilizarla de inmediato. Sin embargo, el agua de lluvia está contaminada y contiene gérmenes y sustancias químicas perjudiciales para usted y su familia. Purificar el agua elimina todas las toxinas y la hace apta para el consumo. Hay muchos métodos de purificación que puede utilizar; algunos son primitivos, mientras que otros son más avanzados.

Este capítulo habla de los riesgos inherentes al agua no tratada y de las distintas técnicas de purificación, con instrucciones paso a paso para cada una de ellas.

Purificar el agua elimina todas las toxinas
https://pixabay.com/photos/water-drops-falling-droplets-20044/

Riesgos del agua no tratada

El agua no tratada es agua que no ha sido purificada ni filtrada y contiene sedimentos, productos químicos y microorganismos como parásitos, virus y bacterias. El consumo de esta agua causa diversos problemas de salud y, en casos graves, la muerte.

Problemas de salud causados por el agua no tratada

- Dolor de cabeza
- Fatiga
- Fiebre
- Polio
- Tifus
- Hepatitis A
- Fluorosis
- Disentería
- Diarrea
- Daños renales y hepáticos
- Cólera
- Problemas gastrointestinales
- Problemas neurológicos
- Dolor de estómago
- Intoxicación por plomo
- Deshidratación
- Amebiasis
- Arsenicosis
- Náuseas
- Salmonelosis
- Tracoma (infección ocular)
- Poliovirus
- Criptosporidiosis
- Cáncer

Beber agua no tratada es especialmente perjudicial para las personas con sistemas inmunitarios débiles, las personas mayores, los niños y los bebés. Estas personas tienen más probabilidades de enfermar o morir a causa de las sustancias químicas y los microorganismos.

Proteja la salud de su familia purificando el agua con cualquiera de las siguientes técnicas.

Hervir el agua

Hervir el agua es una de las formas más antiguas y sencillas de purificarla. Los seres humanos han confiado en este método durante siglos. Incluso tras la invención de los filtros y el agua mineral, algunos siguen prefiriendo hervir el agua. Puede utilizar esta técnica en cualquier lugar, ya que es rápida y no requiere ningún equipo.

Hervir el agua es una de las formas más sencillas de purificarla

Ventajas de hervir el agua

- Es uno de los métodos más rápidos y cómodos. Puede hacerlo en un hervidor, microondas, estufa, cocina solar, estufa de gas, parrilla de gas, fogón, estufa de leña o estufa de supervivencia.

- Es rentable.
- Mejora el sabor del agua eliminando olores y sabores indeseables.
- Mata virus y bacterias y elimina sólidos.

Desventajas de hervir el agua
- En algunos casos, cambia el sabor, dándole un gusto extraño.
- Requiere calor y energía, lo que puede ser inconveniente en regiones donde la energía es cara o no dispone de calor.
- Lleva mucho tiempo, sobre todo si se hierven grandes cantidades de agua.
- Hervir el agua no elimina muchas sustancias nocivas como el plomo, el cloro, los microorganismos, los metales pesados, los productos químicos, las hormonas, los fertilizantes, los pesticidas y los microplásticos.

Instrucciones:
1. Ponga el agua en una olla grande de acero inoxidable.
2. colóquela sobre cualquier fuente de calor disponible.
3. Déjela hervir durante tres minutos.
4. Después, deje que se enfríe.
5. Guárdela en un recipiente limpio y desinfectado y ciérrelo herméticamente.

Filtración en recipiente de barro

La filtración en recipientes de barro es uno de los métodos de purificación de agua más antiguos y tradicionales del mundo. Antes de utilizar métodos avanzados como la ósmosis inversa y la radiación UV, el agua se trataba en vasijas de barro. La arcilla actúa atrapando la tierra, los contaminantes y las impurezas, dejando el agua segura. Aunque se trata de un método primitivo, hay gente que lo utiliza hoy en día.

Ventajas de la filtración en vasijas de barro
- Elimina impurezas, bacterias y protozoos del agua.
- Mejora el sabor.
- Enriquece el agua con minerales saludables como el hierro, el magnesio y el calcio.
- Amigable con el medio ambiente.

- Rentable.
- Accesible y fácil.

Desventajas de la filtración en recipiente de arcilla

- No elimina los virus.
- El agua es propensa a volverse a contaminar.
- Requiere una limpieza regular.

Instrucciones:

1. Vierta el agua contaminada en una vasija de barro.
2. Cúbrala con su tapa de plástico.
3. Deje que el agua se filtre.
4. Puedes beberla directamente del recipiente de arcilla.

Desalinización

La desalinización consiste en eliminar las sales y minerales del agua de mar o de cualquier otro tipo de agua salada. Hace que el agua con altos niveles de salinidad sea segura para el consumo. Aunque es más común para uso comercial, como en barcos, en complejos turísticos, hoteles o residencias, puede ser adecuada para uso individual. Este método es ideal en zonas donde solo hay acceso a agua salada.

La desalinización elimina la sal y los minerales del agua salada

Ventajas de la desalinización

- Proporciona agua limpia y dulce.
- Elimina la sal del agua.
- Elimina minerales y compuestos tóxicos.
- Separa los microorganismos del agua.

Desventajas de la desalinización

- Requiere mucha electricidad (aunque no para uso individual).
- Costo elevado.

Instrucciones:

1. Consiga un recipiente grande para el agua salada y uno para el agua condensada. Asegúrese de que el recipiente del agua salada sea mucho más grande.
2. Llene el recipiente grande con agua salada y ponga el pequeño dentro cubierto con una bolsa de papel. Debe quedar flotando dentro del recipiente grande.
3. Colóquelos bajo la luz directa del sol, en el exterior o cerca de una ventana.
4. Ponga una piedra pequeña encima de la bolsa de papel para empujar el agua condensada y tratada hacia el interior del recipiente.
5. Déjelos durante cuatro horas.
6. Pasado este tiempo, debería encontrar agua fresca en el recipiente pequeño. Esta es el agua tratada y es segura para su uso.

Destilación

La destilación es una técnica de purificación del agua que implica el uso de vapor y condensación hirviendo el agua y convirtiendo el vapor en líquido. El proceso elimina cualquier microbio en el agua, pero no elimina metales, sólidos y algunos contaminantes. Es ideal para purificar grandes cantidades de agua, pero requiere calor o energía solar.

Ventajas de la destilación

- Perfecta para las personas que viven aisladas de la red eléctrica, ya que no requiere electricidad.
- Produce agua limpia y de alta calidad.
- Elimina la sal del agua, haciéndola apta para el consumo.

- Es uno de los métodos de purificación de agua más seguros.
- No utiliza filtros ni productos químicos.
- Elimina bacterias, flúor y metales pesados.

Desventajas de la destilación

- Lleva más tiempo que otros métodos.
- No es rentable.
- La calidad puede variar en función del equipo que utilice.

Instrucciones:

1. Ponga el agua en una olla grande y coloque dentro una olla pequeña vacía.
2. Deje hervir el agua en un horno o al sol.
3. Déjela a fuego medio.
4. Coloque la tapa boca abajo sobre la olla grande para que el agua condensada gotee en la olla pequeña.
5. A continuación, coloque hielo sobre la tapa. La diferencia de temperatura en ambos lados de la tapa aumenta la velocidad de condensación.
6. Cuando el hielo se derrita, añada más.
7. Esto lleva algún tiempo, dependiendo de la cantidad de agua que utilice.
8. Sabrá que ha terminado cuando la olla grande esté vacía y la pequeña esté llena con el agua tratada.

Yodo

Este método es controvertido, ya que se supone que busca eliminar los productos químicos del agua y no añadir más. Sin embargo, la vida fuera de la red de suministro y las situaciones de emergencia no siempre dan muchas opciones. Por lo tanto, solo use este método cuando no pueda poner en práctica ninguna de las otras técnicas. Los mejores productos químicos para tratar el agua son el yodo y el cloro.

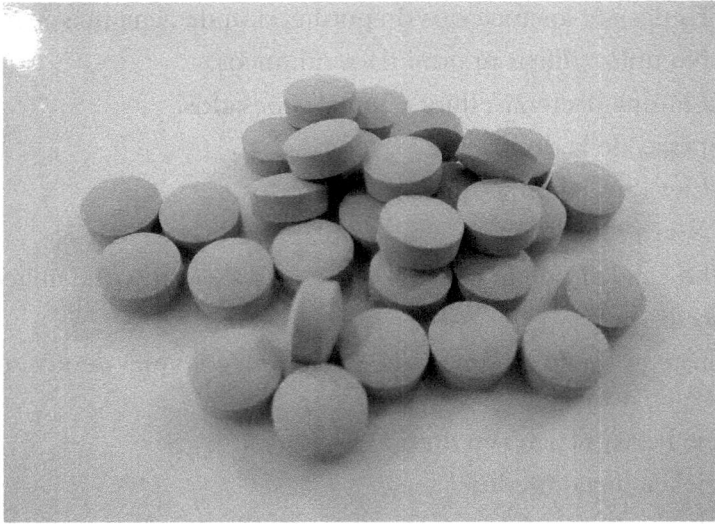

Las pastillas de yodo eliminan los virus y las bacterias del agua
Mx. Granger, CC0, vía Wikimedia Commons:
https://commons.wikimedia.org/wiki/File:Iodine_pills.jpg

El yodo es un producto químico de color rojo que se vende en forma líquida o en pastillas. Elimina virus y bacterias del agua, pero deja un sabor desagradable. Si se utiliza en dosis elevadas, puede ser mortal. Por eso debe tener mucho cuidado al utilizarlo y solo debe hacerlo como último recurso.

Ventajas del yodo

- Es cómodo y económico
- Mata protozoos, virus y bacterias
- Es ligero
- Es fácil de usar

Desventajas del yodo

- Deja un gusto fuerte al agua.
- No es seguro para las mujeres embarazadas.
- Mortal en dosis altas.

Instrucciones:

1. Añada cinco gotas de tintura de yodo al 2 % a un litro de agua y diez gotas si el agua tiene color o está turbia.
2. Remueva el agua y déjela reposar entre treinta minutos y una hora antes de utilizarla.

Intercambio iónico

Esta técnica sirve para eliminar el arsénico, los nitratos, el radio y el bario del agua mediante el intercambio iónico. Lo mejor es que trata el agua sin afectar a su sabor. Esta técnica es muy potente, ya que elimina metales pesados que muchos otros métodos no consiguen eliminar.

Ventajas del intercambio iónico

- Se puede utilizar con otras técnicas.
- Se puede utilizar a gran escala.
- Es fácil.
- Es más seguro que muchas otras técnicas de tratamiento del agua.
- Elimina los malos olores y sabores del agua.
- Fácil de instalar.
- Fácil de mantener.

Desventajas del intercambio iónico

- El agua almacenada tiene una vida útil corta.
- Es caro.
- Utiliza productos químicos como la sal.
- No elimina bacterias, virus, pirógenos ni partículas.

Tipos de intercambio iónico

- **Ablandamiento del agua:** Elimina los minerales que endurecen el agua, como el magnesio y el calcio, y los sustituye por iones de sodio para ablandar el agua.
- **Desionización:** Elimina aniones, cationes y otros iones, dando como resultado un agua purificada y no contaminada.

Instrucciones:

1. Instale un sistema de filtración de agua por intercambio iónico.
2. Una vez instalado, el agua será segura para su uso y podrá consumirla de inmediato.

Ósmosis inversa

La ósmosis inversa (OI) es una técnica de purificación del agua que separa los solutos disueltos del agua. Elimina metales pesados, microplásticos, PFAS, COV, arsénico, cloro, sedimentos, sal, flúor, herbicidas y pesticidas, moléculas no deseadas, iones y otros contaminantes. Es uno de los métodos más populares para purificar el agua potable. La gente lleva décadas utilizando este método, que es uno de los inventos más significativos de la historia moderna.

Ventajas de la ósmosis inversa

- Elimina productos químicos, gérmenes, bacterias, virus y otros contaminantes biológicos.
- Fácil de usar.
- No requiere electricidad ni consumo de energía.
- Reduce el desperdicio de agua.
- Totalmente automotriz.
- Elimina impurezas como el flúor, el cloro y el plomo.
- No utiliza ningún producto químico para purificar el agua.
- Es muy popular en el uso comercial porque es adaptable y satisface varias necesidades.
- Adecuada para uso privado y público.
- Produce agua de alta calidad.

Desventajas de la ósmosis inversa

- Produce muchos residuos.
- Es costosa y requiere un mantenimiento regular, ya que puede obstruirse.
- Elimina todo tipo de minerales, incluidos los que son buenos para el cuerpo.
- Su uso regular puede provocar problemas cardiovasculares, debilidad, tensión muscular y fatiga.
- No elimina microorganismos como bacterias y virus.
- No desinfecta el agua.
- Requiere más energía que otros métodos.
- Produce residuos.

Instrucciones:

1. Instale el sistema de ósmosis inversa en su casa o vehículo debajo del fregadero o en el exterior. También puede contratar a alguien para que lo haga por usted.
2. Este es un método automático que purifica el agua por sí mismo.

Shungita para purificar el agua

La purificación del agua con *shungita* no es tan popular o comúnmente utilizada como los otros métodos de este capítulo, pero es muy interesante. La *shungita* es un mineral raro que solo se encuentra en Rusia. Algunos científicos creen que procede de un meteorito que chocó contra la Tierra hace siglos. Contiene altos niveles de carbono fullereno, una rara estructura de carbono que absorbe los contaminantes del agua.

Ventajas de la purificación del agua con *shungita*

- Tiene propiedades antivirales y antibacterianas.
- Destruye virus y bacterias del agua.
- Elimina los microbios del agua.
- Elimina patógenos peligrosos para la salud.
- Purifica el agua.
- Protege contra la exposición a los campos electromagnéticos.

Desventajas de la purificación del agua con *shungita*

- Puede liberar productos químicos y metales pesados en el agua.
- Este método es un poco arriesgado, por lo que se recomienda precaución.

Instrucciones:

1. Consiga una o más piedras de *shungita*.
2. Lávelas bien durante dos minutos bajo el agua.
3. A continuación, lávelas de nuevo cinco veces.
4. Sumerja las piedras en el agua y déjelas durante cinco días.
5. Cambie el agua todos los días.
6. Saque las piedras de *shungita* del agua, póngalas en un recipiente y luego cúbralas con el agua que desea purificar.
7. Déjelas durante 24 horas para que se purifique.
8. A continuación, retire las piedras y beba el agua.

Purificación solar

Esta técnica trata el agua mediante radiación UV. La energía solar elimina los contaminantes del agua, reduce los microorganismos e impide que se reproduzcan, haciendo que el agua sea segura para el consumo. Es uno de los métodos más sencillos. Sin embargo, no funciona en regiones frías o en lugares sin acceso directo a la luz solar.

La purificación solar no es tan potente como otras técnicas, así que utilícela solo cuando no tenga otras opciones.

Ventajas de la purificación solar

- Elimina los microbios del agua.
- Mejora la calidad del agua.
- Amigable con el medio ambiente.
- Rentable.

Desventajas de la purificación solar

- No funciona en regiones frías o con tiempo nublado.
- No funciona con aguas muy contaminadas.
- No elimina los productos químicos del agua.
- Funciona solo con   as cantidades de agua.

Instrucciones:

1. Llene una botella de plástico con agua.
2. Agítela para activar el oxígeno.
3. Colóquela en posición horizontal bajo la luz directa del sol.
4. Déjela durante una hora.

Radiación UV

En este método, se utilizan bombillas o lámparas UV que emiten luz ultravioleta para eliminar algunos microorganismos. Sin embargo, este método no es lo sufi   mente efectivo, ya que no elimina metales pesados o impurez

Ventajas de la r   UV

- Mata pro   os, bacterias, virus y microbios.
- Amigable con el medio ambiente.
- Fácil de instalar y utilizar.
- Requiere poco mantenimiento.
- No consume mucha electricidad.
- No desperdi   a agua.
- El agua se purifica al instante, por lo que se puede consumir de inmediato.

- Rentable.

Desventajas de la radiación UV

- No es eficaz contra todos los microorganismos.
- Se debe filtrar el agua antes de utilizar este método.
- Requiere electricidad, que no siempre está disponible para quienes viven fuera de la red.
- No mejora el sabor ni el olor del agua.
- No elimina metales ni sólidos.

Instrucciones:

1. Ponga el agua en una máquina purificadora de agua UV y deje que haga su trabajo.
2. La máquina expone el agua a la luz UV, que mata el ADN de los microorganismos e impide que se produzcan, haciendo que el agua sea segura para su uso.

Cloración del agua

El cloro es el segundo producto químico que se puede utilizar en el tratamiento del agua. La cloración del agua es una de las técnicas de purificación más antiguas. Es ideal para emergencias, ya que es sencilla, rápida y eficaz. Consiste en añadir al agua una lejía suave con un 5 % de cloro para eliminar toxinas y microorganismos.

Ventajas de la cloración del agua

- Desactiva los microbios y elimina los microorganismos nocivos.
- Desinfecta el agua, haciéndola segura para el consumo.
- Es fácil de usar y ofrece resultados rápidos.
- Es rentable y no requiere ningún equipo.

Desventajas de la cloración del agua

- Deja un olor extraño en el agua.
- La exposición constante al agua tratada con cloro reseca y debilita el cabello.
- Provoca irritación cutánea.
- Cambia el sabor del agua.

Instrucciones:

1. Necesita lejía para desinfectar el agua. Elija lejía líquida normal para la ropa, como Purex o Clorox.

2. Compruebe los ingredientes y evite usar lejía con aromas y aditivos.

3. Determine de antemano la cantidad que necesita. Utilícela con moderación para evitar problemas.

4. Utilice cuatro gotas de cloro por cada diez mililitros de agua, u ocho gotas si el agua está muy contaminada o turbia.

5. Añada el cloro al agua y mézclelos bien.

6. Deje el agua con el cloro entre seis y doce horas. No utilice el agua antes de este tiempo.

7. Analice el cloro del agua con un medidor digital.

8. Asegúrese de que el agua está limpia y sin cloro antes de utilizarla.

Purificador de agua

Los purificadores de agua eliminan las impurezas del agua, los minerales y los contaminantes biológicos. Aunque requieren electricidad, hay muchas opciones en el mercado que se pueden utilizar sin conexión a la red, como los purificadores de agua de bomba. Este es uno de los métodos más eficaces, ya que elimina más contaminantes que otras técnicas. Sin embargo, no elimina el cloro y el plomo.

Ventajas de los purificadores de agua

- Amigables con el medio ambiente.
- Rentables.
- Mejoran el olor y el sabor.
- Mejoran la salud.
- Proporcionan agua limpia y segura.
- Eliminan los microorganismos.
- Fáciles de usar.

Desventajas de los purificadores de agua

- Requieren mantenimiento.
- No eliminan los pesticidas.

Instrucciones:

1. Instale el purificador de agua de bomba siguiendo las instrucciones del paquete.

2. Llénelo de agua.

3. Bombee la palanca hacia arriba y hacia abajo durante un par de minutos.

Métodos tradicionales frente a métodos avanzados de purificación del agua

Ahora que ya se ha familiarizado con los distintos métodos de purificación, probablemente se pregunte cuál es el más adecuado para usted. La respuesta a esta pregunta depende de muchos factores, como la zona en la que vive y si vive en una cabaña, una casa o una casa rodante. Por eso, tenga en cuenta todos estos factores antes de hacer una elección.

De todas formas, los métodos avanzados tienen ventaja cuando se comparan con los tradicionales. Gracias a la tecnología, existen métodos más nuevos, seguros y mejores para purificar el agua. Por ejemplo, el método tradicional de hervir el agua no siempre es seguro. Aunque su abuela argumentaría que su familia lo ha utilizado durante cientos de años, descubrimientos recientes han demostrado sus limitaciones.

Las cosas han cambiado en los últimos años y hay nuevos virus, bacterias y metales pesados contra los que luchar.

Los métodos avanzados son mejores en todos los sentidos que los tradicionales; aunque pueden ser costosos y algunos menos prácticos, son opciones más seguras. Necesita el agua para todos los aspectos de su vida, así que no debe correr riesgos.

No se puede negar que vivir sin conexión a la red tiene sus retos. Durante una emergencia, quizás la seguridad sea un lujo que no se puede permitir. En esta situación, deberá usar lo que tenga a mano en lugar de lo más seguro. Sin embargo, si puede prepararse de antemano, elija siempre la seguridad.

La purificación del agua no es opcional. Es un proceso necesario para eliminar las sustancias químicas y los microorganismos del agua. Asegúrese de tratar el agua justo después de recogerla utilizando el método adecuado. Siga las instrucciones y no cambie ni ignore ninguno de los pasos, especialmente con las dosis químicas.

¿Qué haría si viviera en un entorno frío donde todas las fuentes de agua están congeladas? En el capítulo siguiente encontrará consejos y técnicas para convertir la nieve y el hielo en agua sin poner en riesgo su salud.

Capítulo 6: Nieve y hielo: consejos, mitos e ideas falsas sobre el deshielo

En este capítulo, encontrará todo lo necesario para extraer agua del hielo y la nieve con cuidado, ya que a menudo es la única forma de obtener agua en las zonas más frías. Este capítulo le proporciona los conocimientos y habilidades necesarios para tomar decisiones informadas a la hora de extraer agua del hielo. Aprenderá todo sobre las técnicas de conservación de energía para derretir la nieve y desmantelará mitos y conceptos erróneos relacionados. También aprenderá la forma adecuada de tratar el hielo evitando la hipotermia. Entremos de lleno en el tema:

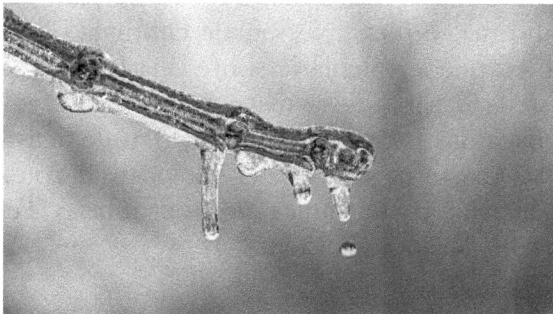

Convertir la nieve en agua potable para hidratarse es una habilidad esencial que debe dominar si vive en ambientes fríos

https://pixabay.com/photos/ice-melt-frost-melting-frozen-570500/

Técnicas eficaces y de bajo consumo para derretir el hielo y la nieve

Convertir la nieve en agua potable para hidratarse es una habilidad esencial que debe dominar en entornos fríos. También es una habilidad esencial para los excursionistas y montañistas. Se puede comer o beber nieve filtrándola adecuadamente. Se puede consumir una pequeña cantidad de hielo o nieve para sobrevivir. Sin embargo, ingerir grandes cantidades puede ser extremadamente peligroso.

El consumo de nieve reduce la temperatura corporal, ya que el cuerpo necesita una cantidad significativa de energía para convertir el hielo y la nieve en agua y eso hace que la temperatura corporal cambie. Debe mantener alta su temperatura corporal, especialmente si va a recorrer largas distancias. Por eso es fundamental utilizar métodos eficaces para convertir el hielo en agua. A continuación, se repasan algunos de ellos:

Utilizar una estufa

Muchos aventureros al aire libre viajan a entornos helados con modernas estufas que requieren combustibles líquidos como el Coleman, el gas propano o la gasolina sin plomo para derretir el hielo y la nieve. No llene la estufa de nieve, ya que esta es un gran aislante y puede hacer que su olla se queme en lugar de derretir el hielo. La forma más eficaz de hacerlo es recoger nieve del exterior y derretir una pequeña cantidad en la olla a fuego lento (asegúrese de que la nieve que recoge no sea amarilla). Añada pequeñas cantidades de nieve a la olla hasta que tenga suficiente agua. La nieve se compone principalmente de aire, por lo que necesita una cantidad importante para producir un litro de agua. Para ahorrar combustible, puede cubrir la olla o cacerola con una tapa. También puede calentarla sobre una fogata si encuentra leña en los alrededores. El agua de la nieve no es segura solo porque está congelada. Las bacterias y los patógenos pueden desactivarse cuando se congela, pero se reactivan cuando el hielo se derrite. Por ello, es preferible que hierva el agua antes de consumirla. Tenga la misma precaución que con el agua estancada.

Calentarla en el fuego

También puede derretir la nieve directamente en el fuego si no tiene estufa o cacerola. Puede colgar el hielo o la nieve sobre el fuego y dejar que el agua derretida gotee en un recipiente. Puede envolver el hielo en un paño, una camisa o cualquier otro elemento poroso que pueda colgarse con el apoyo de palos o incluso bastones de esquí. También puede calentar una placa de hielo duro o nieve crujiente sobre un fuego sin utilizar ningún recipiente. Puede cortar la placa de hielo en trozos más pequeños y colocarlos sobre el palo para que se derritan.

Aprovechar la luz del sol

Si no tiene acceso a combustible o fuego; aún es posible derretir hielo sin fuego, ya que puede usar el sol para hacerlo. Cuando las rocas oscuras entran en contacto con la luz del sol, resulta más fácil derretir el hielo o la nieve que entra en contacto con ellas. Puede encontrar agua incluso a temperaturas tan bajas como -10 grados Celsius. Preste atención al agua que fluye en acantilados o laderas orientadas al sur. Una vez que encuentre el agua, puede recogerla en un recipiente. Es importante encontrarla y recogerla antes de que anochezca, porque podría congelarse de nuevo cuando se ponga el sol. Puede guardar las botellas de agua en su bolsa de dormir para evitar que se vuelvan a congelar.

Utilizar el calor corporal

Si lleva una botella de agua, manténgala en contacto con su cuerpo o dentro de su abrigo para evitar que se congele. Tome un poco de nieve y póngala en su botella cada vez que beba un sorbo de agua. El calor de su cuerpo (y el agua de la botella) la derretirá rápidamente y repondrá su reserva de agua. Asegúrese de tener una botella de boca ancha para que sea más fácil poner nieve en ella. Este es uno de los métodos más fáciles para conseguir agua y no requiere hacer fuego. También funciona en casos de emergencia o de malas condiciones meteorológicas.

Utilizar una bolsa Ziploc

Otra forma de derretir la nieve bajo el sol es poniéndola sobre una bolsa de basura de fondo redondo. Coloque la nieve en una bolsa ziploc y luego ubíquela sobre la bolsa de basura. El calor del sol derretirá la nieve dentro de la ziploc y le dará agua potable limpia. Este método funciona mejor si está en zonas con mucho sol. Si no tiene ziploc, puede simplemente colocar la nieve sobre la bolsa de basura y esperar a que se derrita. A continuación, ponga el agua en un recipiente. Este proceso es difícil y recoger el agua derretida de esta forma puede convertirse en una molestia.

Derretir hielo sobre una roca inclinada

Esta es otra forma fácil de derretir hielo. Puede derretir nieve con algunas rocas y un fuego. Cree una superficie inclinada similar a una mesa para sostener el hielo, de modo que pueda calentarlo con fuego desde abajo de las rocas. A continuación, canalice la nieve derretida hacia un recipiente situado debajo de las rocas. Debe utilizar nieve limpia para no tener que filtrar el agua. Es importante utilizar rocas que no sean porosas. De lo contrario, el agua empapará las rocas y se perderá. También debe evitar tomar las rocas de cerca del río, ya que es más probable que absorban más agua. Si se encuentra en zonas como la costa de Alaska o Columbia Británica, es mejor que derrita el hielo que se encuentra a cierta distancia de la costa en lugar del hielo más cercano.

Comer nieve directamente

Este debe ser el último recurso, ya que comer mucha nieve reduce peligrosamente la temperatura corporal y aumenta el riesgo de hipotermia. Además, el hielo muy frío puede quemarle la boca y los labios.

Consejos para derretir

Se necesita mucha energía (es decir, combustible) para derretir la nieve, ya que esta se funde más despacio que el hielo. Si hay poco combustible, los métodos de fusión deficientes pueden provocar que se agote. He aquí algunos consejos para derretir que pueden ayudarle a ahorrar energía:

Proteger la estufa del viento

Debe encontrar un lugar protegido para su estufa, ya que el viento aumenta la cantidad de combustible necesario para hervir un litro de agua. Si tiene mucha nieve a su alrededor, corte varios bloques para crear un cortaviento para su estufa. Aunque no sea perfecto, lo protegerá del viento. También puede utilizar arbustos o piedras apiladas para proteger su estufa del viento. Si lo requiere, puede usar su propio cuerpo para una protección extra.

Calentar con agua en su olla

Derretir la nieve en una olla seca es un proceso lento. Siempre debe intentar mantener un poco de agua en su olla para que la transferencia de energía a la nieve sea eficiente. Primero, añada un centímetro de agua a la olla y luego ponga la nieve. La nieve se derretirá y el nivel del agua subirá. A continuación, vierta el agua de la olla manteniendo la misma cantidad, una pulgada de agua en el fondo del recipiente, para seguir derritiendo.

No calentar el agua

Si su objetivo es derretir la nieve y no calentar el agua, no debe malgastar energía. Saque el agua líquida del recipiente a medida que se derrite mientras añade nieve. Puede añadir nieve y remover la olla antes de sacar el agua para ayudar a recuperar la energía perdida al calentar el agua.

Utilizar una tapa

Poner una tapa sobre la olla o dar unas palmaditas mientras se derrite la nieve es una forma estupenda de ahorrar energía. Además, es más rápido que derretir la nieve sin tapa. Si tapa la olla, atrapa el aire caliente y el vapor dentro, lo que acelera el proceso de derretimiento y mejora significativamente la eficacia. También reduce el riesgo de derramar agua.

Ser recursivo

Si va a emprender una aventura al aire libre, asegúrese de tener una estufa que funcione, combustible y una olla, ya que le facilitarán la obtención de agua. Si no dispone de este equipo, existen otras formas pasivas de derretir la nieve, como se ha comentado anteriormente.

Desmontar mitos e ideas falsas

Aunque la nieve puede ser una fuente de agua maravillosa y práctica, es importante desmentir algunos mitos y conceptos erróneos relacionados con ella. Es importante aclarar estas ideas erróneas por seguridad. Conocer esta información le ayudará a tomar decisiones con conocimiento de causa. Entremos de lleno en el tema:

Mito nº 1: Comer nieve hidrata

Realidad: Comer nieve puede ser estupendo para condiciones extremas de supervivencia, pero no debe confiar plenamente en ello. La gente tiende a pensar que la nieve está hecha solo de agua, por lo que es una gran fuente de hidratación. Sin embargo, no es tan sencillo como parece. Aunque la nieve está hecha de agua, muchas de las buenas propiedades del líquido se pierden en el proceso de congelación, por lo que comer nieve puede provocar deshidratación en lugar de prevenirla, ya que el cuerpo utiliza más calor y energía para derretir la nieve fría. Esto puede provocar una reducción de líquidos en el cuerpo y deshidratarlo más. Tampoco contiene los nutrientes y minerales esenciales necesarios para una hidratación adecuada. Sin embargo, la nieve derretida es una gran fuente de agua en casos de emergencia y si está al aire libre sin acceso a arroyos.

Mito n.º 2: La nieve se purifica al derretirse

La realidad: La nieve no se purifica automáticamente al derretirse. Aunque se eliminan algunas impurezas, no desaparecen todos los contaminantes. Hervir la nieve derretida o utilizar otros métodos de purificación del agua es la mejor manera de eliminar las sustancias químicas nocivas, los contaminantes y los microorganismos.

Mito n.º 3: La nieve y el hielo no son iguales

Realidad: Aunque es cierto que la nieve y el hielo pueden derretirse para producir agua, sus procesos son diferentes. La nieve contiene aire, por lo que tarda más en derretirse que el hielo denso. Por eso debe ser paciente y cuidadoso para derretir el hielo y la nieve de la forma correcta.

Mito n.º 4: Todos los métodos para derretir la nieve son igual de seguros

Realidad: Todos los métodos para derretir la nieve pueden parecer igual de seguros, pero no es cierto. Si intenta derretir la nieve en un recipiente de plástico o en un recipiente contaminado sobre una llama, pueden introducirse patógenos y contaminantes nocivos durante el calentamiento. Es recomendable utilizar una estufa de acampar y un recipiente limpio.

Mito n.º 5: La nieve amarilla se puede derretir y consumir sin peligro

Realidad: Es bastante peligroso consumir nieve amarilla, ya que puede contener impurezas y contaminantes como la orina. Es mejor no beber nieve amarilla derretida, ya que la presencia de contaminantes y sustancias nocivas es peligrosa para la salud.

Mito n.º 6: La nieve es una fuente ilimitada de agua limpia

Realidad: La nieve no puede considerarse un recurso hídrico infinito porque, dependiendo del lugar del mundo, puede que ni siquiera esté disponible durante todo el año. Solo debe utilizarse en caso de emergencia o cuando no se disponga de agua limpia y corriente.

Debe informarse sobre el consumo seguro de la nieve derretida como fuente de agua. Incluso en caso de emergencia, tome las medidas adecuadas para asegurarse de que la nieve o el hielo que consume están limpios. Para tratar la nieve derretida, lo mejor es utilizar un método de purificación de agua adecuado, como hervirla o usar pastillas purificadoras.

Peligros potenciales del consumo de nieve

Obtener agua de la nieve y el hielo requiere precaución. Es esencial derretir la nieve con cuidado y purificarla para evitar complicaciones de salud. A continuación, se mencionan algunos de los peligros de consumir hielo derretido sin el tratamiento adecuado.

Hipotermia

Debe tener cuidado con la hipotermia. La hipotermia se produce cuando su temperatura corporal es menor a la temperatura mínima requerida para un metabolismo con funciones corporales saludables, que es de 95 grados Fahrenheit (35°C). Todas las temperaturas por debajo de 95F se consideran hipotermia; sin embargo, la intensidad varía:

- Leve = 90-95F
- Media = 82-90F
- Grave = 68-82F
- Aguda = 68F e inferior

El riesgo de hipotermia aumenta si se ingiere la nieve directamente, ya que se reduce significativamente la temperatura corporal. Como la temperatura de la nieve está por debajo del punto de congelación, su ingesta hace que el cuerpo use energía extra para bajar la temperatura de la nieve hasta la temperatura corporal normal. Esto hace que la temperatura central del cuerpo entre en niveles de hipotermia, empeorando fácilmente la situación. Por eso siempre debe derretir la nieve antes de beberla.

Puede hacer su agua poniendo la nieve en un recipiente o una botella de agua para que se derrita y sea buena para consumir. Por favor, utilice únicamente nieve blanca, esponjosa y limpia, que no parezca sucia ni contaminada. Purificar el agua derretida hirviéndola antes de consumirla también es una buena idea.

Contaminantes

Puede ser extremadamente peligroso para su salud consumir agua de nieve derretida sin purificarla adecuadamente, ya que puede estar contaminada. El agua puede contener agentes patógenos como bacterias, virus y otras sustancias químicas. Estas sustancias nocivas pueden liberarse en la nieve a partir de residuos industriales y agrícolas, desechos animales y contaminación atmosférica. También debe saber que la nieve puede contener metales pesados, como mercurio, plomo y arsénico. Todas estas sustancias nocivas pueden liberarse en el agua cuando la nieve se derrite, convirtiéndola en insalubre para beber. La presencia de estas sustancias insalubres en el agua es realmente perjudicial para la salud. Puede causar muchos problemas de salud, como problemas neurológicos, enfermedades gastrointestinales, problemas renales e incluso cáncer. También puede haber compuestos orgánicos en su agua que pueden causar enfermedades respiratorias.

Los altos niveles de cloro en el agua también pueden ser peligrosos. Si se consume en grandes cantidades, el cloro puede provocar náuseas y vómitos e incluso dañar el hígado. Utilice un sistema de filtración adecuado para eliminar bacterias, virus y otros contaminantes y hacer que el agua sea segura para beber. Hervir el agua, aunque sea durante un minuto puede hacerla segura para el consumo.

Deshidratación

Como ya se dijo en uno de los mitos del consumo de nieve derretida, beber nieve derretida puede provocar deshidratación. Dado que la nieve está compuesta por una pequeña cantidad de agua, puede provocar una rápida pérdida de líquidos y, en última instancia, deshidratación. Si va a consumir nieve, debe hacerlo con moderación, ya que su temperatura corporal puede descender rápidamente si consume grandes cantidades.

Purificación deficiente

Esterilice adecuadamente el agua de la nieve derretida por su seguridad. Como ya se ha mencionado, la nieve puede contener muchos contaminantes, por lo que debe purificar el agua adecuadamente mediante ebullición o pastillas purificadoras. Una mala purificación puede provocar diferentes enfermedades.

Derrita la nieve con cuidado para evitar riesgos derivados del consumo de nieve derretida contaminada. Debe tomar las precauciones suficientes para garantizar que el agua sea segura para el consumo. Si es posible, hierva, filtre o derrita adecuadamente la nieve antes de beberla. Tomar estas medidas reduce significativamente los riesgos para su salud.

Capítulo 7: Conservar el agua en regiones de escasez

Este capítulo se centra en estrategias y prácticas para optimizar el uso del agua en zonas donde los recursos son limitados. Tras detallar los retos exclusivos de las regiones áridas o propensas a la sequía y las nefastas implicaciones del despilfarro de agua, se esbozan medidas prácticas para minimizar el uso del agua en las actividades cotidianas, la agricultura y la industria. Conocerá prácticas tradicionales de ahorro de agua, soluciones innovadoras, tecnologías emergentes de conservación y esfuerzos y políticas que han marcado una diferencia tangible en regiones con escasez de agua a corto y largo plazo en todo el mundo.

Conservar el agua es esencial
https://pixabay.com/photos/to-protect-hands-ecology-protection-450596/

La escasez de agua y la importancia de su conservación

Debido a una combinación de crecimiento demográfico extremo, gestión ineficiente del agua, contaminación y cambio climático, la escasez de agua es un problema acuciante en varias zonas del mundo. Aunque no viva en una región con escasez de agua, conservar este recurso tan valioso supone una gran diferencia para el futuro. La escasez de agua afecta enormemente a muchos ámbitos de la vida, desde problemas de higiene hasta pérdidas económicas por prácticas agrícolas insostenibles, pasando por las nefastas consecuencias para los ecosistemas de la Tierra. Este problema es especialmente notable en las regiones áridas, debido a las altas tasas de evaporación y a la escasez de precipitaciones. Debido a ello, más del 50 % de los humedales del mundo han desaparecido en el último siglo. Los humedales son los hábitats más sostenibles del planeta, ya que favorecen la supervivencia de muchas especies. También son el principal lugar de cultivo de productos básicos como el arroz y sustentan diversas funciones ecosistémicas que benefician a las personas, como el control de inundaciones, la filtración de agua y la protección contra tormentas.

En zonas de escasez de agua, los paisajes naturales se resienten. Los lagos de agua dulce se están reduciendo y salinizando debido a la contaminación y a que se utiliza demasiada agua (en comparación con el volumen total) para el riego. Los mares se retraen, dejando tras de sí tierras contaminadas, creando escasez de alimentos y aumentando las enfermedades relacionadas con la falta de higiene, reduciendo la esperanza de vida de la población. Además, sin agua limpia, es difícil obtener suficiente para el consumo y la agricultura, lo que conduce al declive económico.

Pero la conservación del agua no solo es necesaria en zonas propensas a la sequía. Encontrar soluciones sostenibles a este problema es vital para mejorar la disponibilidad de agua y conservar este recurso en toda la Tierra. También ayuda a fomentar los ecosistemas naturales, preservar los hábitats y evitar la intrusión de agua salada en las aguas subterráneas de las regiones costeras. Además, ayuda a ahorrar dinero a personas, comunidades y países enteros, ya que reduce la cantidad de energía necesaria para el transporte y el tratamiento del agua.

Soluciones prácticas para la conservación del agua

Construcción de presas y embalses

La construcción de embalses, como lagos artificiales después de las presas fluviales, es una forma eficaz de recoger agua durante los periodos de altas precipitaciones y conservarla para los periodos secos. Además, estos reservorios pueden ser usados para otros fines. Pueden utilizarse como suministro de agua para zonas urbanas, control de inundaciones, creación de hidroelectricidad y mucho más. Por desgracia, las presas no son la solución más ecológica, ya que provocan la erosión de los cauces río abajo y tienen otros efectos negativos en el ecosistema local. El agua de estos embalses se calienta más rápidamente, lo que significa que se evapora con rapidez y se vuelve inadecuada para las especies adaptadas al agua fría de los ríos. Además, los sedimentos atrapados en la presa hacen necesaria una mayor filtración, dependiendo de a qué se destine el agua conservada.

Los embalses ayudan a recoger y conservar el agua
Naksh, CC0, vía Wikimedia Commons: https://commons.wikimedia.org/wiki/File:Water-Reservoir-51552-pixahive.jpg

Desalinización

Las tecnologías avanzadas de desalinización (extracción de sal y otros compuestos del agua de mar) son cada vez más populares en las regiones costeras. La sal puede extraerse del agua salobre y marina mediante destilación u ósmosis inversa, haciéndola apta para fines agrícolas e industriales y para el consumo humano. Como las fuentes de agua salada están fácilmente disponibles en las regiones costeras, la desalinización es una solución sostenible ante la escasez de agua dulce, ya que reduce la dependencia de recursos que desaparecen rápidamente y ayuda a satisfacer las necesidades de las poblaciones costeras. A pesar de sus ventajas, la desalinización presenta inconvenientes, como los desechos de la salmuera, que pueden afectar al ecosistema, y el elevado consumo de energía. La desalinización por energía solar es una variante más rentable, ya que consume menos energía y puede aplicarse en regiones más pequeñas.

Acueductos

La instalación de acueductos es otra forma de trasladar agua de un lugar a otro. Sin embargo, solo funcionan en zonas pequeñas, porque extraer agua de zonas más extensas puede provocar sequías en el futuro. Si esto sucede, se produce la pérdida de ecosistemas y una importante contaminación atmosférica en la región circundante. Además, el transporte desde zonas más extensas puede requerir atravesar grandes distancias, lo que eleva el costo del proceso.

Recogida de agua de lluvia

Durante siglos, se ha recogido agua de lluvia para la agricultura, la recarga y el uso humano. En zonas donde las precipitaciones son escasas, recogerlas y almacenarlas es una solución fantástica para mejorar la disponibilidad de agua durante los periodos de sequía. El método tradicional de recogida de agua de lluvia consiste en recoger el agua de los tejados y otras superficies similares que captan y conducen grandes cantidades de agua hacia el suelo. Este barato método puede utilizarse fuera de la red de suministro y puede combinarse con técnicas de purificación del agua para hacerla apta para el consumo humano.

Además de ofrecer un suministro de agua seguro durante las sequías, el método también disminuye la dependencia de otros recursos hídricos. Si una comunidad entera empieza a recoger el agua de lluvia, mejorarán los ecosistemas locales de los pozos, lagos y ríos cercanos, al tiempo que se favorece a la gestión del agua a largo plazo. La recarga de las aguas subterráneas, por ejemplo, permite que el agua pase de la superficie terrestre a la capa más profunda del suelo. La recogida de agua de lluvia es una solución viable para crear más agua subterránea y reducir la escasez. Los métodos avanzados de recogida de agua de lluvia van un paso más allá, porque además eliminan la erosión del suelo y evitan inundaciones y otros problemas creados por la escorrentía repentina de las aguas pluviales en los entornos urbanos. En su lugar, utilizan el exceso de agua para crear un almacenamiento a largo plazo.

Agricultura inteligente a nivel hídrico

La agricultura inteligente desde el punto de vista hídrico se refiere a prácticas agrícolas específicas para aumentar o conservar la productividad de los cultivos optimizando el uso del agua. Este enfoque implica métodos agrícolas tradicionales y esfuerzos modernos de conservación del agua, como la plantación de cultivos resistentes a la sequía, el riego por goteo o la agricultura de precisión.

El riego por goteo suministra agua al suelo, directamente a las raíces de los cultivos, maximizando la eficiencia hídrica y minimizando las pérdidas por evaporación. Permite a los agricultores aplicar un control preciso del suministro de agua y conservar los recursos, por lo que puede reducir el consumo de agua hasta en un 50 %, al mismo tiempo que se optimiza el rendimiento de los cultivos.

El xerojardinería es un método agrícola que consiste en utilizar campos de cultivo que requieren un uso y un mantenimiento mínimo del agua. Estos paisajes se crean mediante una combinación de plantas resistentes a las sequías, aplicaciones optimizadas de acolchado y sistemas de riego eficientes para disminuir el consumo de agua. Además de preservar el agua, la xerojardinería también disminuye la necesidad de pesticidas y fertilizantes, lo que se traduce en cultivos más sanos y seguros para el consumo humano y animal.

La adopción de estas y otras prácticas agrícolas inteligentes en materia hídrica es una excelente manera de reducir los costos de producción de las explotaciones agrícolas, mejorar la retención de agua en los suelos, contribuir a la gestión sostenible de los recursos hídricos y reducir las tasas de evaporación. Estas prácticas agroforestales tienen un impacto muy positivo en la resiliencia de los ecosistemas y la preservación de la biodiversidad.

Control de la contaminación

La contaminación no controlada del agua puede provocar una escasez aún mayor, especialmente en zonas propensas a la sequía. Para evitar que los recursos de agua dulce dejen de ser aptos para el consumo y se deban buscar otras soluciones para un número cada vez mayor de personas, hay que mejorar los sistemas de alcantarillado y vigilar y controlar periódicamente la calidad del agua.

Tratamiento de aguas residuales

Aplicar soluciones eficaces de tratamiento de aguas residuales es otra forma de reutilizar y recuperar el agua contaminada. Estas técnicas eliminan todos los contaminantes del agua, produciendo un suministro fresco de agua reutilizable. En la mayoría de los casos, esta agua se utiliza para fines industriales o agrícolas. Sin embargo, con la técnica adecuada, puede purificarse hasta que sea segura para el consumo humano. Además, las técnicas modernas de purificación del agua crean un subproducto de gas natural que puede producir energía. Al invertir en esta tecnología de vanguardia, se puede contribuir a una infraestructura sostenible para reutilizar continuamente los recursos y cubrir las necesidades de agua.

Una forma de tratamiento de residuos hídricos es el reciclaje de aguas grises, que consiste en recoger agua usada de distintas fuentes de un hogar, como fregaderos, lavadoras y duchas. Esta agua suele utilizarse para el riego, la restauración de las aguas subterráneas, la industria, el abastecimiento municipal de agua y los inodoros, todo lo cual reduce la dependencia de los suministros de agua dulce al tiempo que reduce la cantidad de aguas residuales.

Lo mejor del reciclaje de aguas grises es que puede aplicarse a grandes y a pequeños usuarios. Por ejemplo, en las zonas costeras, las aguas residuales del sistema de residuos de una empresa o municipio pueden utilizarse para complementar las aguas subterráneas, limitando la intrusión de agua salada. El uso a pequeña escala se da, por ejemplo, en los hogares donde las tuberías están diseñadas para que las aguas grises de los fregaderos se utilicen para soltar el agua del inodoro. En la mayoría de los casos, las aguas grises no son potables, por lo que no son seguras para el consumo. Sin embargo, si estas aguas tratadas pasan por un proceso de purificación adicional, pueden convertirse en agua potable (para beber).

Conservación del agua

La conservación del agua implica utilizarla de forma más eficiente. En el caso de los hogares, esto significa adaptar el comportamiento de los usuarios para que consuman menos agua y aplicar tecnologías de ahorro. Lo primero, puede incluir lavar los platos en un lavavajillas eléctrico y no a mano; usar el lavavajillas y la lavadora solo cuando estén llenos, de modo que requieran menos lavados y consuman menos agua que con muchas cargas pequeñas; darse duchas cortas en vez de baños; cerrar el grifo mientras se lavan los dientes o arreglar los grifos que gotean. Otra medida para ahorrar agua es elegir productos con una huella hídrica reducida, como los huevos, en lugar de variantes con una huella hídrica elevada, como la carne de vaca. Del mismo modo, cultivar plantas resistentes a la sequía en el jardín en climas secos y regar solo cuando sea necesario y por la mañana, antes de que salga el sol y comience la evaporación, ahorra volúmenes sorprendentemente altos de agua. La tecnología de ahorro de agua incluye la instalación de filtros de ducha, inodoros ahorradores y lavadoras más eficientes.

Dado que la agricultura utiliza mucha más agua que los hogares, aquí se puede hacer un esfuerzo aún mayor para la conservación del agua. Además del sistema de riego por goteo, otra solución viable es cultivar únicamente productos autóctonos de la zona y solo en lugares con precipitaciones suficientes para mantenerlos. También son ventajosos los métodos de labranza cero, que se basan en la aplicación de cobertura en el suelo para reducir la evaporación.

La medición inteligente del agua es una técnica innovadora de conservación que puede aplicarse en diversos campos. Las industrias, los municipios e incluso los hogares pueden controlar su consumo de agua midiéndolo en tiempo real. Esto permite a los usuarios identificar las áreas en las que pueden reducir o modificar el uso y la gestión del agua. Al identificar el uso excesivo de agua y aplicar las medidas necesarias para reducirlo y ser más responsables, los usuarios pueden reducir su consumo hasta en un 20 %.

Fomentar la conservación del agua educando a los demás

Aunque los usuarios individuales pueden contribuir significativamente a la conservación del agua, pueden hacer mucho más para asegurar el suministro de agua a largo plazo educando a quienes les rodean. Colaborando con otras personas, puede reformar radicalmente el consumo de agua en toda la comunidad. Educar a los demás implica concienciarlos sobre la importancia de la conservación del agua. También los puede animar a participar en el proceso y proporcionarles consejos prácticos para ahorrar agua en sus propiedades. Las personas también deben mantenerse al día en las tecnologías innovadoras de conservación del agua disponibles en su zona y las formas de ayudar a resolver los problemas de escasez de agua. Esto fomenta un sentido de responsabilidad sobre el propio comportamiento.

Educar a los miembros de una comunidad sobre el impacto de sus hábitos de consumo de agua y fomentar prácticas de uso eficiente del agua puede hacerse de varias maneras, incluidos los medios de comunicación, las redes sociales, los programas escolares, etc. Las campañas de concienciación a escala comunitaria son otro método para enseñar a personas de todos los orígenes la importancia de apreciar el valor de los limitados recursos de agua dulce.

Los efectos positivos de los esfuerzos de colaboración con este fin se han demostrado una y otra vez, no solo a nivel comunitario, aunque todo empieza ahí. Cuando las comunidades plantean un problema, otras organizaciones y gobiernos se dan cuenta y se esfuerzan por intercambiar recursos, experiencia y conocimientos para resolverlo.

La experiencia demuestra que los gobiernos que han creado y aplicado leyes y políticas de obligado cumplimiento para incentivar las prácticas eficientes en el uso del agua han marcado una gran diferencia. Una de las mejores formas de lograrlo es fomentar una gestión más responsable del agua en los sectores industriales y los hogares y promoviendo el uso de tecnologías altamente eficientes.

No solo las comunidades pueden colaborar en los esfuerzos por preservar el agua, sino también los países. Los recursos de agua dulce suelen ser compartidos por al menos dos países. Por lo tanto, tiene sentido que cooperen en la gestión de este recurso finito. Promover esfuerzos de colaboración fomenta un mayor sentido de la responsabilidad colectiva.

Aprovechar la inteligencia artificial

La inteligencia artificial (IA) ha revolucionado muchos sectores, incluida la gestión del agua. Utilizar la IA para complementar los esfuerzos de conservación del agua ayuda a las personas a tomar decisiones más informadas sobre la investigación y el desarrollo de nuevas tecnologías y técnicas de ahorro de agua. Las IA pueden ayudar a analizar los datos de consumo de agua y a optimizar las estrategias de gestión del agua en función de la demanda prevista, las previsiones meteorológicas, la información sobre los programas de riego óptimos en la agricultura, los posibles problemas en la infraestructura de los edificios, etcétera.

Gracias a estas herramientas, las entidades pueden tomar mejores decisiones en materia de conservación, inversión en infraestructuras y asignación del agua, abordando los problemas de escasez de agua a gran escala y garantizando el uso sostenible de este recurso.

Ejemplos reales en todo el mundo

Región de Langtang, Nepal

Por muy extraordinario que sea el paisaje de las regiones del Himalaya oriental, el accidentado terreno y los cambios climáticos han causado muchos problemas a los agricultores locales. El tiempo pasa de sequías extremas en invierno a prolongadas temporadas de lluvias en los meses más cálidos. Esto hace cada vez más difícil para los lugareños cultivar y mantener sus medios de vida y las tradiciones que han dependido de los recursos naturales de la zona durante siglos. Además, los lagos glaciares de las montañas se están derritiendo y amenazan con inundaciones y con la reducción de los recursos de agua dulce que actualmente sustentan a más de mil millones de personas. Además, se puede destruir el hábitat de numerosas especies ya amenazadas por la acción humana.

Para hacer frente a los problemas mencionados, las comunidades de la región nepalí de Langtang, con el apoyo de organizaciones externas, desarrollaron un proyecto para adaptarse mejor a los cambios climáticos, incluidos los patrones impredecibles de precipitaciones, la escasez de agua y el cambio de estaciones. Estos cambios incluían la instalación de sistemas de riego por goteo (extendidos por varias comunidades), junto con el almacenamiento de agua para conservar el agua de lluvia, la creación de bancos de semillas para suministrar a los agricultores especies más tolerantes a la sequía y programas educativos para enseñarles a aplicar técnicas como la rotación de cultivos y a reducir la huella hídrica en la cría de animales de granja.

Además, se plantaron arbustos y árboles en las laderas para evitar desprendimientos de tierra y proteger del peligro a los recursos de agua dulce. Los aldeanos recibieron electrodomésticos más eficientes y las estaciones meteorológicas recopilaron datos para vigilar el cambio climático. Todos estos esfuerzos ayudaron a educar a la comunidad, marcando una gran diferencia en la vida de los aldeanos y asegurando su sustento y el de sus familias. El proyecto no solo abordó los efectos del cambio climático, sino también las necesidades de las personas y del ecosistema local. Concienció a la población y le dio sentido de la responsabilidad para prepararse ante los inevitables efectos futuros del cambio climático. También sirvió de ejemplo a otras comunidades del Himalaya que se enfrentan a los mismos retos y que ahora están trabajando en la aplicación de cambios similares.

Región del Sahel, África

La región africana del Sahel se enfrenta a un problema similar, ya que solo recibe lluvias durante tres meses al año. Aunque esto no era así en el pasado, los periodos de lluvia se han vuelto impredecibles debido a la aceleración de los cambios climáticos. Durante los meses sin precipitaciones, el suelo se seca por completo, volviéndose tan duro que la lluvia ni siquiera puede penetrar en las capas superficiales. En lugar de proporcionar la hidratación que tanto necesita la tierra, el agua resbala por la superficie y se evapora bajo el sol abrasador. En consecuencia, las comunidades locales luchan por conseguir agua durante la mayor parte del año para la agricultura y la higiene, cocinar y beber. Afortunadamente, han recibido ayuda de varias organizaciones y aprendieron a conservar el agua que cae durante la breve estación lluviosa para disponer de ella durante el resto del año. Por ejemplo, aprendieron a construir pozos (zai o pozos de media luna), que son básicamente agujeros excavados en el suelo para atrapar el agua de lluvia y evitar que se deslice por la superficie endurecida. Las barreras de piedra son otro ejemplo del esfuerzo por mantener el agua en las tierras agrícolas.

Se plantan árboles alrededor de los lagos para estabilizar la tierra y evitar que sea arrastrada por las lluvias torrenciales. Varias comunidades están trabajando en la excavación de pozos de almacenamiento de agua aún mayores. Estos depósitos de 10 pies de profundidad y 100 pies de ancho representan esfuerzos más específicos, ya que se calcularon tras una evaluación exhaustiva de dónde se acumula el agua durante las fuertes lluvias en función del terreno y del caudal natural del agua. Estos depósitos podrán contener agua suficiente para llenar una piscina olímpica, proporcionando un recurso sustancial a las familias que luchan por tener agua dulce durante todo el año. Debido al tamaño de estos depósitos, el agua no se verá afectada por la evaporación a pesar de las altísimas temperaturas y las impredecibles precipitaciones.

Los beneficios de los grandes depósitos de agua de lluvia en las regiones saharianas serán a corto y largo plazo. Al poner en práctica técnicas de conservación del agua, las comunidades locales se aseguran el acceso al agua dulce durante todo el año, lo que contribuye a la salud y la seguridad pública y garantiza la productividad de las tierras que sustentan sus medios de vida. Además, la calidad del suelo alrededor de los embalses mejora a medida que la lluvia queda atrapada en las capas más profundas. Se puede cultivar en tierras antes desecadas y obtener recursos alimentarios más nutritivos. Este esfuerzo puede reforzarse aún más plantando un anillo exterior de árboles alrededor de los embalses. Los árboles también atrapan el agua y dan cobijo a los cultivos, impidiendo que el agua utilizada para su riego se evapore. Esto demuestra que la conservación del agua no solo es beneficiosa para que la comunidad disponga de un recurso, sino que también puede transformar todo el entorno y crear ecosistemas más sostenibles.

Capítulo 8: Sobrevivir en movimiento

Este capítulo detalla los retos y estrategias de la hidratación y el abastecimiento de agua cuando está en continuo movimiento. Encontrará información sobre las medidas preventivas y reactivas para mantenerse hidratado mientras se desplaza por diversos terrenos y situaciones. Aprenderá acerca del racionamiento y la purificación del agua, la lectura de las señales naturales que indican la existencia de fuentes de agua cercanas y todo lo que necesita para garantizar la sostenibilidad del agua a largo plazo sin un reabastecimiento garantizado.

La importancia de mantenerse hidratado cuando está en movimiento

Mantenerse hidratado es vital, sobre todo si se ve obligado a desplazarse para migrar, caminar largas distancias o huir en emergencias. Evitar la deshidratación es clave para disfrutar con seguridad de las actividades al aire libre y mantenerse sano en situaciones de emergencia. El agua es necesaria para los procesos metabólicos y fisiológicos del organismo, que son fundamentales para la supervivencia. Agotar las reservas de agua del organismo provoca fatiga, pérdida de concentración y agotamiento por calor. Por todas estas razones, mantenerse hidratado es fundamental para estar preparado en condiciones extremas o de crisis.

Mantenerse hidratado es fundamental para estar preparado en condiciones o crisis extremas
https://pixabay.com/photos/faucet-fountain-water-1684902/

Las condiciones naturales extremas y otras situaciones de emergencia hacen que sea mucho más difícil mantener los niveles de hidratación necesarios. Sin embargo, con la preparación adecuada y sabiendo qué precauciones tomar cuando se enfrenta a condiciones extremas y recursos hídricos limitados, puede evitar la deshidratación y sus consecuencias.

Consejos para mantenerse hidratado en aventuras al aire libre

Beba antes de empezar a moverse

Si va a una aventura al aire libre, como senderismo o una acampada de un día, beba uno o dos vasos de agua, aunque no tenga sed. Cuando empieza a sentir sed, los niveles de agua de su cuerpo ya han disminuido lo suficiente y puede empezar la deshidratación. Beber suficiente agua antes de salir lo mantendrá hidratado durante más tiempo. Si se hidrata regularmente antes de empezar su jornada o actividad, mejora su forma física, lo que le permite concentrarse mejor mientras está al aire libre.

Si va a salir por la mañana, puede empezar a hidratarse la tarde anterior, asegurándose de no acostarse con sed y evitando la cafeína y el alcohol durante la noche. Estos provocan deshidratación, por lo que no son buenas bebidas durante una acampada u otras aventuras al aire libre.

Haga que su suministro de agua portátil sea accesible

Asegúrese de llevar agua suficiente para su aventura. También necesitará comida, ya que es una fuente de electrolitos y sales esenciales para prevenir la deshidratación, como beber suficiente agua. El sudor hace que su cuerpo pierda electrolitos y provoca desequilibrio en sus niveles de hidratación. Para una excursión corta, basta con una botella de agua y unas cuantas barritas energéticas o alimentos secos, mientras que una acampada más prolongada requiere alimentos y agua para cada comida. Para este tipo de aventura, cuente con comida y agua suficiente para todos los días y una ración extra por si surge algún imprevisto y se retrasa su regreso. Las pastillas de electrolitos son otra opción para estas situaciones y son muy efectivas para rehidratar en una crisis en la que no haya comida disponible.

Para asegurarse de beber y comer con regularidad durante su aventura, mantenga sus recursos accesibles. Aunque muchos prefieren llevar botellas de agua, estas dificultan la tarea de beber mientras camina. Hay contenedores portátiles plegables, llamados vejigas, que pueden utilizarse fácilmente durante el desplazamiento, lo que garantiza que no se olvidará de beber. Si sigue prefiriendo las botellas, manténgalas donde pueda alcanzarlas fácilmente. Muchos excursionistas y campistas prefieren mochilas con bolsillos delante en lugar de bolsillos laterales para las botellas de agua, ya que esto facilita el acceso. Otra alternativa es utilizar recipientes sujetos con asas y ganchos. Puede engancharlos al cinturón o a la mochila y acceder a ellos fácilmente mientras se desplaza. Del mismo modo, si guarda la comida en bolsillos de fácil acceso, le resultará más fácil alcanzarla.

Beba agua con regularidad

En lugar de beber cuando tenga sed, beba entre medio y un litro de agua cada hora mientras está al aire libre. Si las temperaturas son altas y se mueve por terrenos exigentes, es probable que necesite más agua, porque moverse en climas cálidos aumenta las necesidades de su cuerpo. Si le aburre beber agua con frecuencia, puede alternar entre agua pura y líquidos con electrolitos, como las bebidas deportivas. Esto le ayudará a mantener los niveles de hidratación óptimos y hará que su aventura al aire libre sea más agradable.

Continúe la hidratación después de la actividad

Siga reponiendo sus niveles de agua y electrolitos después de volver a casa sin esperar a tener sed. Recuerde que la sed no es un buen indicador para su cuerpo, por lo que siempre es mejor beber de más que no beber lo suficiente.

Signos de deshidratación

La deshidratación debe tratarse en cuanto aparezca, porque cuanto más espere, mayores serán las consecuencias. Estos son algunos signos de deshidratación que debe tener en cuenta durante sus aventuras al aire libre o en situaciones de emergencia:

- **Boca seca:** Antes de que su cuerpo sienta sed, probablemente notará que tiene la boca seca.
- **Sed:** Tener sed es un mensaje del cuerpo de que está deshidratado y una señal de que debe beber inmediatamente para que sus niveles de agua no bajen demasiado.
- **Bajos niveles de energía:** Puede asumir que está cansado porque se mueve mucho, pero también puede ser un signo de deshidratación.
- **Calambres musculares, dolores de cabeza y fatiga:** Son signos graves de deshidratación. Si siente estos síntomas, debe descansar y rehidratarse inmediatamente.
- **Mareos, náuseas, tropiezos y vacilaciones:** Son síntomas graves que indican que su organismo no tiene suficientes líquidos para una función metabólica y fisiológica normal.
- **Orina oscura y dolor abdominal:** Sus riñones sufren por la falta de hidratación, lo que hace que la orina se concentre y tenga dificultades para filtrar los metabolitos correctamente.
- **Pérdida de peso:** Aunque no pueda pesarse con regularidad, si nota que la ropa le queda más holgada después de una actividad extenuante, significa que ha perdido agua y que debe reponerla mediante líquidos y electrolitos.

Qué hacer en caso de deshidratación

Si nota signos de deshidratación, deténgase y busque sombra (si es posible). Tómese un momento para descansar, sobre todo si tiene signos moderados como fatiga o calambres musculares. Si tiene síntomas más graves, necesita descansar más tiempo; y si la temperatura es extremadamente cálida, aplique métodos de enfriamiento corporal.

Empapar una camiseta o cualquier otra prenda y colocarla en su nuca, sus muñecas o su cabeza es la forma más rápida de refrescarse. Mientras tanto, beba agua mezclada con pastillas de electrolitos (si no dispone de nada más, la sal de mesa también le servirá). La rehidratación oral y las sales ayudan al cuerpo a absorber el agua con mayor eficacia. Añadirlas a su botiquín de primeros auxilios (muy recomendable para aventuras en la naturaleza) no ocupará mucho espacio y pueden salvarle la vida.

Un purificador de agua rápido y compacto es muy valioso, ya que puede ayudarlo a hidratarse en caso de que no disponga de agua fresca. Aunque siempre debe procurar tener agua suficiente, a veces puede resultar difícil calcular cuánto necesita dependiendo de las condiciones meteorológicas o en caso de que se produzcan emergencias en las que tenga que utilizar el agua. Tener a mano un purificador le facilitará rehidratarse a partir de recursos hídricos alternativos sin exponerse a patógenos y sustancias tóxicas.

Consejos adicionales de hidratación para diferentes situaciones al aire libre:

- Si hay muchas fuentes de agua dulce en su ruta, beba unas 33 onzas cada vez que se detenga a recargar. De este modo, permanecerá hidratado mientras mantiene su carga ligera.

- Beba independientemente del clima que haga. A menos que se vea obligado a racionar su suministro, una hidratación adecuada es tan crítica cuando hace frío como cuando las temperaturas son altas. El frío no solo provoca deshidratación, sino que estar deshidratado le hará sentir que se está congelando. Durante el invierno, utilice un termo para mantenerse hidratado y evitar que el agua se enfríe.

- La exposición al sol también favorece la deshidratación, por lo que el uso de protector solar y ropa larga es esencial para las aventuras al aire libre en verano. Un sombrero también ayuda a regular la temperatura corporal, sudar menos y mantenerse hidratado.

- En zonas extremadamente cálidas, es una buena idea salir al aire libre cuando el clima está más fresco. Si tiene que desplazarse debido a una situación de emergencia, intente mantenerse en la sombra cuando las temperaturas sean más altas y caminar por la mañana o a primera hora de la tarde, cuando el sol ya no esté en su punto álgido.

- Rehidrátese con al menos 16 onzas de líquidos (idealmente mezclados con electrolitos) durante la noche o cuando descanse al mediodía durante las horas más calurosas.

Qué hacer si se queda sin agua

Si nota que sus reservas de agua han disminuido o están a punto de agotarse, no se asuste. Mantener la calma le ayudará a concentrarse en la búsqueda de recursos alternativos. El pánico es una pérdida de energía y tiempo. Además, aumenta la velocidad de evaporación de su cuerpo, haciéndole perder líquidos que necesita. Como primer paso, evalúe la situación y la zona. Si se acaba de quedar sin agua y afuera no hace calor extremo, es probable que se mantenga bien sin agua durante unas horas. Puede resultar incómodo, pero si se ha hidratado correctamente hasta entonces, no será peligroso para su salud. En cambio, si está lejos de una fuente de agua o lucha contra temperaturas demasiado altas, debe buscar soluciones inmediatamente.

Encontrar agua en la naturaleza y utilizarla

El acceso al agua es crucial para sobrevivir en la naturaleza. Debe encontrar fuentes alternativas cuando su suministro sea limitado. Aquí tiene algunos trucos sobre cómo hacerlo.

Busque vegetación

La fruta es una gran fuente de agua, siempre que sepa cuál buscar y comer, ya que no todas son seguras para el consumo. Familiarícese con la flora autóctona de la zona para saber qué frutas y plantas sirven como recurso de agua y electrolitos. Debido a su alto contenido en agua y nutrientes esenciales, los cítricos, las uvas, las bayas, las manzanas y los melones son los más recomendables, además de las especies comestibles de hierba y musgo. Para determinar si una planta es adecuada, examínela en busca de signos de almacenamiento de agua. Por ejemplo, algunas plantas almacenan agua en sus nudos (de donde salen las hojas), que suelen estar hinchados cuando están llenos de agua; en las hojas, especialmente en follajes espesos y cargados de humedad; o en los bulbos y tubérculos subterráneos. El color, la forma y el tamaño de la vegetación también influyen a la hora de determinar la idoneidad de un fruto para una rehidratación segura. Por ejemplo, las plantas de colores vivos suelen ser tóxicas, por lo que conviene evitarlas. Además, algunas partes de las plantas requieren procesos para extraerles el agua o hacerlas aptas para el consumo.

La vegetación puede guiarlo hasta una fuente de agua

Aprovechar los árboles es otra estrategia eficaz para encontrar agua potable en la naturaleza. Los árboles con savia comestible, como el arce y el abedul, son excelentes opciones, ya que contienen grandes cantidades de líquidos potables. Además, extraerles la savia solo lleva unos minutos. Otros árboles, como los nogales, también son opciones viables, pero extraer su savia es mucho más difícil.

En las zonas áridas, cualquier signo de vegetación indica humedad. También puede buscar ganado u otros animales, ya que pueden guiarlo hasta una fuente de agua cercana (tenga cuidado al acercarse o seguirlos).

Encontrar arroyos caudalosos

Si en la zona hay ríos o arroyos caudalosos, pueden ser una fuente de agua potable más fiable, dado que el agua viaja a mayor velocidad. Las fuentes de agua que están en constante movimiento tienen menos bacterias que los depósitos de agua estancada. No obstante, debe ser prudente a la hora de decidir qué arroyo utilizar. Por ejemplo, si encuentra residuos animales o humanos cerca de la fuente, o el agua no es especialmente clara (los arroyos frescos y no contaminados son siempre tan claros que se puede ver a través de ellos), probablemente debe mantenerse alejado, a menos que no tenga otra opción o pueda purificar el agua.

Un consejo adicional: si encuentra un pequeño arroyo seco, trazar el recorrido hacia su fuente puede ayudarle a encontrar agua para hidratarse. También puede excavar en busca de agua en zonas moderadamente húmedas cerca del cauce del arroyo seco.

Recoger la lluvia y la nieve

El agua de lluvia puede ser un recurso inestimable para beber e higienizarse en situaciones inesperadas durante aventuras al aire libre o emergencias. Para recoger agua de lluvia, coloque recipientes grandes, como baldes o barriles, en los que almacenarla hasta que la necesite. También puede recoger agua de lluvia en la parte superior de sus lonas (o si no tiene contenedores, puede colgar materiales impermeables estratégicamente para recoger las precipitaciones). Aunque el agua de lluvia es relativamente limpia, conviene purificarla para eliminar las bacterias u otros contaminantes. Lo mismo ocurre con la nieve, otra fuente de agua alternativa, sobre todo en regiones montañosas. La nieve y el hielo solo se pueden consumir si no son demasiado grises o amarillos y se deben derretir antes, ya que el frío puede provocar deshidratación.

Cómo purificar el agua

Si no tiene acceso a agua limpia en la naturaleza, su mejor opción es purificar el agua disponible, haciéndola segura para beber, cocinar o preparar medicinas si es necesario. Puede optar por varias técnicas de purificación, como las que se enumeran a continuación:

- **Hervir:** Es la forma más sencilla y eficaz de purificar el agua. Solo debe colarla para eliminar las impurezas más grandes y llevarla a ebullición durante varios minutos para matar todas las bacterias y microorganismos peligrosos.

- **Filtros de carbón activado:** Pasar el agua por filtros de carbón activado aglutina los compuestos orgánicos nocivos y elimina los olores y sabores desagradables del líquido.

- **Pastillas de purificación:** Estas pastillas pueden limpiar grandes cantidades de agua en poco tiempo y son un excelente complemento para cualquier equipo de supervivencia al aire libre. Coloque una tableta en medio galón (o un poco menos si el agua está particularmente contaminada), espere treinta minutos para que la tableta neutralice los compuestos nocivos y el agua estará lista para el consumo.

• **Purificación UV:** Los purificadores UV emiten una radiación bactericida que elimina los microorganismos de su suministro de agua en cuestión de minutos.

Aprovechar al máximo su suministro de agua

Llevar agua suficiente

Llevar agua suficiente es uno de los factores fundamentales para tener en cuenta cuando se prepara una aventura al aire libre o una situación de supervivencia de emergencia. Debe evaluar cuánta agua necesita para el tiempo que estará en movimiento. Esto depende de varios aspectos, como los niveles de actividad física, el clima, la dificultad del terreno, la altitud, si viajará de día o de noche y si puede esperar para encontrar fuentes fiables de comida y agua. Por ejemplo, una persona con un nivel de actividad moderado que vaya de excursión por un terreno exigente en un día cálido de primavera necesita 33 onzas de agua por cada dos horas de actividad.

Recargar siempre que sea posible

Los filtros, el equipo y las botellas facilitan la reposición de sus recursos hídricos cuando pasa por un recurso de agua dulce en la naturaleza. Busque opciones prácticas para guardarlas en la mochila cuando están vacías y utilizarlas cuando sea necesario.

Antes de salir, investigue posibles fuentes de agua. Por ejemplo, puede encontrar casas o campamentos con llaves de agua cerca o viviendas abandonadas temporalmente con agua corriente o recursos hídricos almacenados. Tenga un plan para una situación de emergencia o supervivencia. Saber a dónde acudir para reabastecerse le facilitará mantener la calma y conservar su energía y sus líquidos.

Racionar sus suministros

Si sigue preocupado por quedarse sin agua potable o no tiene tiempo para idear un plan de reabastecimiento (o para investigar la zona en busca de recursos disponibles), debe racionar su suministro hasta encontrar una solución alternativa.

Con niveles de actividad y temperaturas moderadas, beber solo cuando se tiene sed es una de las mejores formas de conservar el agua. Racionar sus pérdidas en lugar de sus reservas le ayuda a mantenerse hidratado, a no desperdiciar y a preocuparse menos por la disminución de sus recursos. Mantener agua caliente y fría reduce el riesgo de deshidratación, al igual que permanecer bajo la sombra. Su reserva dura más tiempo y tiene menos pérdidas debidas al sol, el viento y otros elementos.

Otro consejo para minimizar la evaporación de su cuerpo es mantener la boca cerrada siempre que sea posible. Respirar por la nariz genera una evaporación más lenta y reducida. Si le cuesta mantener la boca cerrada, haga como si estuviera chupando un caramelo redondo. Chupar también fomenta una mayor producción de saliva, lo que evita que sienta la boca seca y hace que quiera beber agua con menos frecuencia. Sin embargo, evite chupar piedras o botones, ya que pueden suponer un peligro de asfixia si está muy deshidratado y desconcentrado.

Fumar también contribuye a la deshidratación por evaporación, por lo que debe evitarlo si es posible. El café, el té y otras bebidas con efecto diurético aumentan la cantidad de orina producida por los riñones, lo que provoca una pérdida importante de agua. Lo mismo ocurre con los alimentos salados, ya que extraen agua de las células.

Otro consejo crucial es empezar a ahorrar agua a tiempo. No espere a estar deshidratado para racionar su suministro. Si pone en práctica métodos de ahorro de agua desde el principio, ahorrará de forma más eficiente y evitará situaciones peligrosas.

Capítulo 9: Seguridad y almacenamiento de agua a largo plazo

En situaciones de supervivencia por un desastre natural, una emergencia prolongada o una aventura al aire libre, tener un suministro estable de agua es clave para su bienestar. Este capítulo cubre los pormenores del almacenamiento de agua a largo plazo. Aprenderá varios métodos para mantener una fuente de agua fiable durante un periodo prolongado. ¿Cómo asegurarse de que el agua que almacena sigue siendo potable durante semanas, meses o incluso años? ¿Qué factores influyen en la duración del agua almacenada y cómo reducir el riesgo de que se contamine o se estropee?

Para mantener un suministro de agua sostenible, es necesario aprender sobre la calidad del agua, la elección de los recipientes adecuados de almacenamiento y la gestión de los factores ambientales, combinando conocimientos científicos con consejos prácticos. Recuerde que, en el mundo de la supervivencia, pensar a largo plazo es tan crucial como disponer de agua suficiente.

Mantener un suministro estable de agua es clave para su bienestar
https://pixabay.com/photos/storage-tanks-vats-metal-tanks-20959/

Cómo conservar el agua

En los capítulos anteriores, aprendió la diferencia entre desinfección y purificación del agua. El objetivo es que el agua sea segura para el consumo, eliminando los componentes dañinos. Sin embargo, es crucial entender que los métodos descritos en este libro, incluidos los disponibles comercialmente, no producen agua estéril libre de gérmenes.

Incluso si consiguiera agua estéril, esta se contaminaría rápidamente al cambiarla a un recipiente que podría contener algas secas, protozoos o esporas del aire. Los métodos descritos anteriormente purifican o reducen los gérmenes en el agua cruda, haciéndola segura para el consumo. Se puede reducir el número de gérmenes entre cien y diez mil. Incluso las esterilizaciones en laboratorios rara vez eliminan los gérmenes por completo, ya que suelen reducir los gérmenes en un millón como máximo, incluso en condiciones ideales.

La potabilidad del agua tratada con métodos improvisados depende de la salud y las condiciones de cada individuo. Tras el proceso de desinfección, los gérmenes que quedan siguen multiplicándose y su crecimiento es exponencial. La velocidad a la que esto ocurre depende de factores como los niveles de nutrientes, la temperatura y la cantidad inicial de gérmenes.

Aunque no hay necesidad de beber o desechar el agua tratada al cabo de unas horas, es esencial tener en cuenta que los gérmenes restantes siguen multiplicándose. Sin embargo, el riesgo se minimiza almacenando el agua tratada en condiciones adecuadas, filtrándola con carbono si es posible y manteniéndola en un lugar sombreado o fresco. En general, esto garantiza que no presente niveles nocivos de patógenos y que siga siendo segura para beber durante semanas. Por eso, el almacenamiento del agua es un proceso que no debe tomarse a la ligera.

Una preocupación que persiste son las bacterias que toleran temperaturas normales y tienen pocos requisitos nutricionales, como la Legionella. De todas formas, el riesgo de que alcance niveles nocivos se reduce significativamente con condiciones de almacenamiento adecuadas y nutrientes limitados. A continuación, se exponen algunas de las formas más eficaces de conservar el agua y limitar su contaminación:

1. Tindalización

La tindalización es un proceso de laboratorio utilizado para desinfectar soluciones sensibles. Consiste en calentar repetidamente la solución hasta el punto de ebullición y luego mantenerla a la temperatura corporal (98,6 °F o 37 °C) durante un periodo denominado incubación. La ebullición elimina todos los gérmenes vivos relevantes, pero no elimina los nutrientes del agua. El calor hace que las endosporas inactivas «germinen» al enfriarse, lo que las lleva de una fase latente resistente a otra activa, menos resistente, y finalmente se eliminan al hervir de nuevo el agua. Este ciclo se repite varias veces. Este método se utiliza para el agua de forma diferente, considerando que las soluciones de laboratorio, como los caldos nutritivos, tienen un mayor riesgo de volver a contaminarse que el agua potable, relativamente pobre en nutrientes.

El agua hervida puede consumirse inmediatamente después de enfriarse, pero se vuelve a contaminar rápidamente a medida que los nutrientes de las células destruidas vuelven a estar disponibles. Recalentar brevemente el agua durante los dos o tres días siguientes reduce el número de fases inactivas y termorresistentes a niveles muy bajos. Tras la tindalización, el agua puede almacenarse y consumirse a temperatura ambiente durante varias semanas.

2. SODIS repetida

Tras la aplicación correcta de la desinfección solar (SODIS) durante un periodo prolongado, el agua permanece libre de gérmenes nocivos durante varios días. La luz UV, el principal agente de SODIS, puede incluso matar endosporas estables y ooquistes de cryptosporidium y giardia. Sin embargo, si el agua sigue turbia o si los gérmenes están ocultos, es posible que se vuelva a contaminar con bacterias.

Exponer el agua almacenada en recipientes adecuados a la luz solar directa durante una o dos horas al mediodía mata los gérmenes o endosporas nuevos o remanentes. Tras repetir este proceso dos o tres veces, puede almacenar el agua sin refrigeración durante varios días o semanas, dependiendo de su contenido nutricional. Este método es especialmente útil para viajes al desierto, donde las botellas transparentes de PET llenas de agua pueden almacenarse directamente bajo el sol. Sin embargo, la exposición prolongada a la radiación UV puede envejecer el material plástico, por lo que estos depósitos no deben dejarse más de un año. El agua del interior sigue siendo potable.

3. Refrigeración y sombreado

Es probable que el agua tratada con métodos poco efectivos para la reducción de gérmenes siga conteniendo algas, lo que provoca el crecimiento de biomasa fresca, nutrientes y gases disueltos en presencia de la luz solar. El resultado es un sabor rancio y pútrido y la formación de una capa viscosa y maloliente (biopelícula) en el interior del recipiente. Aunque esta agua no es inadecuada para el consumo inmediato, con el tiempo se convierte en un caldo de cultivo para los gérmenes infecciosos que puedan quedar, sobre todo a temperaturas superiores a los 15 °C (59 °F).

Para contrarrestar la proliferación de algas y bacterias, es fundamental almacenar el agua en un lugar fresco y oscuro. Puede cubrir el recipiente con arena húmeda, que lo enfría por evaporación, o envolverlo en una manta de rescate y colocarlo en agua cruda y fría. Dependiendo del nivel de contaminación inicial, el agua tratada con métodos poco efectivos puede almacenarse durante unos dos o tres días.

4. Iones de plata y otras sustancias químicas

Al igual que los desinfectantes, existen sustancias químicas para conservar el agua potable. Sin embargo, no se consideran desinfectantes fiables. Aunque con sustancias oxidantes se pueden matar y destruir agentes patógenos, no se puede impedir el rebrote permanente de los gérmenes restantes. Las propiedades reactivas de las sustancias oxidantes hacen que no permanezcan estables durante mucho tiempo una vez activadas.

Técnicas e ideas para almacenar agua

1. Bolsas de agua de emergencia

En el mundo actual, la comodidad lo es todo; se puede encontrar prácticamente cualquier cosa envasada y lista para llevar. Incluso el agua potable viene en porciones individuales y lista para beber: pequeñas bolsas o paquetes que contienen aproximadamente 125 ml de agua. Sin embargo, pueden ser relativamente caras: entre tres y diez dólares por litro. Aunque se comercializan por su larga vida útil y se promocionan como reservas de emergencia para el auto o el barco, hay una alternativa más rentable e igual de confiable: las botellas de agua pequeñas normales, de 330 o 500 mililitros (11,2 o 16,9 onzas líquidas), que se encuentran en cualquier supermercado del mundo.

El agua de estas botellas es estéril, como demuestra su larga vida útil. Puede ignorar cualquier fecha de caducidad impresa en ellas: el agua que se almacena durante meses es igual de segura para beber después de décadas. Los únicos cambios que puede notar son un ligero sabor a plástico y una lenta reducción de la cantidad debido a la difusión.

En cambio, las bebidas «normales» aromatizadas o azucaradas tienen un periodo de conservación limitado. Con el tiempo, se descomponen y dejan de ser aptas para el consumo. El agua carbonatada pierde gradualmente su efervescencia, ya que las botellas no son herméticas, pero aparte de un cambio de sabor, la calidad permanece relativamente inalterada.

Las bolsas de agua de emergencia son básicamente agua del grifo envasada en bolsas retráctiles. La buena noticia es que puede crear las suyas en casa. Solo tiene que envasar cubitos de hielo al vacío en una bolsa de plástico, dejar que se descongelen y esterilizarlos durante media hora en una olla a presión. Si le gusta la idea de tener a mano líquidos aromatizados o azucarados para emergencias, puede almacenar fruta o té helado en polvo en tarros de mermelada o bolsas selladas. Añada un poco al agua cuando lo necesite y listo. Es una forma económica y práctica de tener hidratación de emergencia.

2. Recipientes de transporte y almacenamiento

En situaciones de emergencia, es fundamental contar con un suministro de agua fiable y sustancial. Aunque el agua suele ser una necesidad pasajera, ciertas situaciones exigen estar preparado. Los tanques de almacenamiento estacionarios son una opción valiosa para los sistemas autónomos en campamentos remotos, zonas de desastre o edificios sin conexiones de suministro de agua. Estos grandes depósitos, a menudo destinados a un uso temporal, pero que pueden instalarse de forma permanente, pueden llenarse de forma natural mediante sistemas de recogida de lluvia. Debido a los largos periodos de estancamiento, el agua que contienen debe tratarse como agua cruda y no como agua de lluvia fresca, lo que permite almacenar cantidades significativas durante meses o incluso años.

En el pasado, las zonas rurales y las regiones sin conexión a la red almacenaban el agua en pozos, pero hoy en día predominan los depósitos de plástico. Construir un pozo de piedra o cemento presenta dificultades, mientras que los depósitos de plástico, como los IBC con capacidad de alrededor de un metro cúbico (250 galones), son más susceptibles de sufrir daños por las heladas.

- **Pozos y estanques:** Ideales para almacenar grandes volúmenes de agua, pero incluso al principio, el agua limpia debe tratarse como cruda debido a su naturaleza abierta.

- **Depósitos IBC:** Una opción práctica para sistemas autónomos. Se pueden sellar y apilar, pero son vulnerables a la congelación y la rotura a bajas temperaturas.

- **Depósitos de plástico enterrados**: Una solución de tamaño medio que puede enterrarse por debajo de la línea de congelación. Menos propensos a reventar si se hielan, pueden llenarse con agua de lluvia o cubrirse con un techo para evitar la contaminación.

3. Contenedores de almacenamiento móviles de tamaño medio

Los contenedores de almacenamiento móviles, conocidos comúnmente como bidones, resultan indispensables para quienes atraviesan regiones áridas en auto o carreta. Con una capacidad que oscila entre cinco y veinticinco litros (entre uno y seis galones), estos contenedores son versátiles y valiosos para almacenar el agua recogida localmente en regiones con escasez.

Dos opciones principales para transportar agua son los bidones rígidos de plástico o metal y los portadores de agua plegables. Es aconsejable mantenerse alejado de los contenedores de agua plegables, muy populares entre los campistas, porque sus finas paredes son propensas a romperse a lo largo de las líneas de plegado durante un uso prolongado.

• Contenedores de agua rígidos

Los recipientes rígidos, aunque resistentes y fáciles de transportar, ocupan el mismo espacio llenos o vacíos. Apilables y relativamente robustos, suelen llevar un grifo integrado que puede abrirse o romperse. Para evitar el riesgo de contaminación, es preferible usar bidones nuevos que reutilizar los del combustible. Debe asegurarse de elegir bidones aptos con tapas de calidad para evitar fugas y que el agua sea consumible.

Los recipientes de plástico absorben sabores y olores de los bidones adyacentes. Es esencial un etiquetado claro y la separación (combustible/agua bruta/agua potable), ya que los recipientes de agua deben almacenarse lejos del combustible y los lubricantes.

• Portadores de agua

Aunque son más susceptibles de sufrir daños que los bidones, los portadores de agua tienen una clara ventaja: solo ocupan el espacio del agua que contienen. Cuando están vacíos, pueden enrollarse y transportarse cómodamente. Los dos tipos más comunes son el portador de agua Swiss Army (20 litros o 5,28 galones), fabricado en goma robusta con un pico sólido, y las bolsas de agua con un gran tapón de llenado, fabricadas con un material más fino y disponibles en varios tamaños.

- Los portadores de agua Swiss Army, aunque tienen un precio razonable, se calientan al sol, lo que afecta el sabor del agua.
- Las bolsas de agua de material sintético, como las de Ortlieb (fabricante alemán de equipamiento para actividades al aire libre), son más ligeras, pero más caras y más propensas a estropearse.

Botellas y recipientes para beber

- Botellas **transparentes de PET**: Ligeras, asequibles y resistentes, son excelentes para beber y almacenar de forma sencilla. Sin embargo, son sensibles al calor e inadecuadas para hervir agua.
- **Botellas de policarbonato (PC) de boca ancha:** Ideales para agua caliente y para hervir sin que se deformen.
- **Botellas de metal:** Permiten controlar el consumo de agua y pueden calentarse en una hoguera. Adecuadas para métodos de separación y tratamiento radical.

Las botellas metálicas permiten controlar el consumo de agua
https://unsplash.com/photos/green-hydro-flask-tumbler-on-wood-slab-ktpymCAIvGc?utm_content=creditShareLink&utm_medium=referral&utm_source=unsplash

La elección de la botella adecuada depende de la disponibilidad de agua y de los métodos de tratamiento previstos. Las botellas transparentes son preferibles en zonas con escasez de agua, mientras que las metálicas son adecuadas para los métodos físicos de tratamiento del agua. Tenga siempre en cuenta las exigencias específicas de su viaje y el tipo de tratamiento del agua que piensa aplicar.

Métodos improvisados de transporte y almacenamiento

Para los mochileros con poco espacio y opciones de transporte limitadas, especialmente los que realizan viajes largos, las bolsas de agua son una opción práctica para recoger agua cruda o transportar agua potable de emergencia. Pero hay un truco: las bolsas de agua tienen sus límites, sobre todo si las lluvias ofrecen la oportunidad de almacenar cantidades más importantes. Aquí es donde puede ser útil tener algo de experiencia en el mundo de la espeleología: puede fabricar recipientes con corteza, caña, bambú o madera. Recuerde que los materiales naturales pueden hincharse cuando se mojan y agrietarse cuando se secan. Ahí es donde las láminas de plástico finas y ligeras vienen al rescate, siendo útiles para el transporte seguro del agua de los viajeros extremos y de largas distancias.

1. Fabricación de estanques de almacenamiento con herramientas sencillas

Para quienes buscan una solución de almacenamiento improvisada en un campamento temporal, una manta de rescate o una sábana impermeable pueden transformarse en un pequeño «estanque». Empiece cavando un pozo poco profundo, asegurándose de hacerlo sobre un suelo libre de palos y piedras afiladas. Compacte bien la tierra para evitar que ceda bajo la presión del agua. Las dimensiones de la fosa deben permitir que la manta se extienda más allá de los bordes, lo que le permitirá almacenar entre cincuenta y cien litros (de quince a veinticinco galones) de agua. Estos recipientes improvisados, creados con materiales naturales, pueden dotarse rápidamente de tapas, usarse para transportar otras cosas e incluso reutilizarse para cocinar.

2. Recipientes de emergencia para el camino

Si el espacio en su mochila es escaso, elegir una bolsa de agua ligera no es factible. En estos casos, puede comprar vejigas baratas, que suelen encontrarse en las cajas de vino. Están hechas de plástico fino, pero son propensas a estropearse. También se pueden utilizar bolsas grandes de congelación y preservativos, que suelen formar parte de los kits de emergencia. Sin embargo, estos recipientes corren el riesgo de reventarse, incluso con un impacto mínimo. Haga una bolsa de tela con una camiseta o un pantalón sin cerrar para estabilizarlos. Ate un extremo de la tela con un nudo apretado, coloque dentro el material impermeable vacío y doble la costura superior para protegerlo. Llene de agua el recipiente improvisado, asegurándose de que no quede aire adentro, y fíjelo con un nudo o cordel. Levante la bolsa exterior, átela al interior y listo: un improvisado y estable envase para transportar agua. Es aconsejable llevarla fuera de la mochila o en las manos para evitar derrames accidentales y aprovechar al máximo su ingeniosa solución.

Consejos adicionales para el almacenamiento de agua

El almacenamiento de agua es un aspecto crítico y comprender los matices de las prácticas de almacenamiento en diversos entornos garantiza el acceso a agua fiable y segura. Factores como la temperatura, la exposición a la luz y la amenaza de plagas cumplen un papel fundamental a la hora de determinar la eficacia de los métodos de almacenamiento. A continuación, se presenta una guía completa de las mejores prácticas para el almacenamiento de agua en diferentes entornos:

1. **Consideraciones sobre la temperatura**
   - **Entorno frío**
     - **Contenedores aislados**: En climas fríos, el aislamiento es clave. Utilice contenedores de doble pared o aislantes para evitar la congelación.
     - **Almacenamiento subterráneo:** Enterrar los contenedores de agua bajo tierra ayuda a mantener una temperatura más estable, evitando la congelación.
   - **Entornos calurosos**
     - **Contenedores oscuros**: Opte por contenedores oscuros u opacos para minimizar la exposición a la luz y el crecimiento de algas.
     - **Almacenamiento a la sombra**: Mantenga los contenedores de agua en zonas sombreadas para reducir las fluctuaciones de temperatura y la evaporación.

2. **Exposición a la luz**
   - **Exposición a los rayos UV**
     - **Contenedores oscuros:** Los rayos UV degradan la calidad del agua. Elija recipientes oscuros u opacos para protegerlos de la luz solar.
     - **Materiales resistentes a los rayos UV:** Invierta en recipientes fabricados con materiales resistentes a los rayos UV para garantizar la calidad del agua a largo plazo.
   - **Almacenamiento en interiores**
     - **Recipientes opacos:** Incluso en interiores, utilice recipientes opacos o almacene el agua en un lugar fresco y oscuro para evitar la degradación inducida por la luz.

3. **Prevención de plagas**
   - **Control de insectos y roedores**
     - **Recipientes herméticos**: Utilice recipientes herméticamente cerrados para evitar que insectos y roedores contaminen el agua.

o **Almacenamiento elevado:** Eleve los recipientes para disuadir a los roedores y utilice trampas o repelentes en las zonas de almacenamiento.

- **Filtrado**
  o **Filtros de malla:** Coloque películas de malla o filtros sobre las aberturas para evitar que los insectos y los residuos caigan en su contenedor.
  o **Tratamientos químicos:** Considere el uso de tratamientos químicos seguros que disuadan a las plagas sin comprometer la seguridad del agua.

4. **Selección del contenedor**
- **Consideraciones sobre los materiales**
  o **Recipientes aptos para alimentos:** Utilice siempre recipientes aptos para alimentos para evitar la filtración de productos químicos nocivos en el agua.
  o **Plástico vs. metal:** El plástico es ligero y cómodo, pero se degrada con el tiempo. Los recipientes metálicos son duraderos, pero pueden alterar el sabor.
- **Rotación e inspección**
  o **Rotación periódica:** Rote el agua almacenada con regularidad para garantizar su frescura y evitar el estancamiento.
  o **Inspección de fugas:** Revise regularmente los contenedores para detectar fugas o daños que comprometan la calidad del agua.

A la hora de almacenar agua, tenga siempre en cuenta el entorno. Si se enfrenta a temperaturas extremas, elija recipientes que soporten el calor o aíslen el frío. Opte por materiales que mantengan la calidad del agua y realice comprobaciones periódicas para asegurarse de que todo se mantiene en perfecto estado. Inspeccione y rote con regularidad sus depósitos de agua para evitar sorpresas. Dé prioridad a los recipientes fabricados con materiales aptos para uso alimentario para garantizar la pureza del agua. Piense en su suministro de agua como una inversión en resiliencia, más que como un simple plan de reserva. Piense en estrategias a largo plazo. Piense en los recipientes para un almacenamiento prolongado y explore la posibilidad de hacer bolsas de agua de emergencia en casa para estar mejor preparado. La funcionalidad es importante: elija recipientes con grifos fiables, especialmente en zonas propensas a accidentes.

Capítulo 10: Más allá de la botella: los múltiples usos del agua

Más allá de su papel fundamental en la hidratación, el agua tiene muchos usos. Por ejemplo, para la higiene personal y para facilitar procesos industriales, tener acceso al agua es imprescindible. Existen numerosos procesos que resulta casi imposible llevar a cabo sin agua. Además de que el ser humano ha dependido del agua para la agricultura y las necesidades domésticas durante siglos, la mayoría de las industrias requieren agua, como la elaboración de alimentos, la producción química, la fundición, la fabricación de papel y el comercio.

El agua en la vida cotidiana

Este capítulo profundiza en los aspectos prácticos del aprovechamiento del agua para la supervivencia, arrojando luz sobre sus múltiples dimensiones como recurso crucial frente a diversos retos. Esta guía muestra el papel del agua en la higiene, haciendo hincapié en su importancia para preservar la salud y el bienestar, especialmente cuando los recursos médicos convencionales escasean.

El agua en la vida cotidiana

Higiene y cuidado personal

La higiene se destaca como un aspecto básico de la cotidianidad que requiere el uso de agua. Es esencial para bañarse, lavarse las manos y mantener el cuerpo limpio. Con una higiene personal adecuada, se evitan las bacterias y microorganismos nocivos, protegiendo el cuerpo de enfermedades y de su posterior propagación. Si no se mantiene la higiene, el cuerpo se vuelve susceptible a infecciones respiratorias, como resfriados y gripe, surgen enfermedades del sistema alimentario y aumentan las posibilidades de desarrollar infecciones víricas.

Cocina y preparación de alimentos

Además de su rol como ingrediente, el agua es un componente esencial en la preparación y rehidratación de los alimentos. Mientras que en situaciones de supervivencia y en algunas culturas cocinar los alimentos sin agua es una norma, en la mayoría de las regiones el agua es un ingrediente esencial para que los alimentos sean sabrosos, nutritivos y fácilmente digeribles. El agua es necesaria para varios métodos de cocción, como hervir los alimentos o cocinarlos a fuego lento o al vapor. La mayoría de los alimentos no pueden cocinarse adecuadamente sin agua, porque pierden su valor nutricional.

Limpieza y saneamiento

Desde la limpieza del hogar hasta el lavado de los utensilios de cocina, el agua es un ingrediente potente y natural que se utiliza para todas las necesidades de limpieza y saneamiento. Es un solvente universal que elimina la suciedad, la grasa y las impurezas, dejando los interiores relucientes de limpieza.

Agricultura y riego

Es la base de los cultivos en las prácticas agrícolas. El agua produce la humedad correcta en el suelo para fomentar la formación de raíces en la germinación de semillas y suministrar nutrientes esenciales. El agua también es absorbida por las raíces de los cultivos ya desarrollados, promoviendo su crecimiento saludable y un mejor rendimiento. Sin agua, las plantas no pueden crecer, prosperar y producir un rendimiento adecuado.

Es imposible que las plantas crezcan sin agua
Foto de Tony Pham en Unsplash https://unsplash.com/photos/woman-in-black-long-sleeve-shirt-and-black-pants-standing-on-green-grass-field-during-daytime-TV7m_tpmqhw

Generación de energía

Como ya sabe, el agua es necesaria para la generación de energía hidroeléctrica. Las centrales hidroeléctricas aprovechan la energía del agua que fluye para mover turbinas que generan electricidad. Es una de las fuentes de energía renovable más fiables y ha proporcionado electricidad a los seres humanos durante décadas.

Procesos industriales

Muchos procesos industriales modernos dependen en gran medida del uso del agua. Tiene numerosas funciones en la industria y se utiliza ampliamente como solvente en reacciones químicas, para el procesamiento de materias primas y en sistemas de refrigeración que evitan el sobrecalentamiento de maquinaria pesada.

Construcción y edificación

La construcción moderna también depende en gran medida del agua. Este líquido es esencial en actividades de construcción como la mezcla de cemento, la supresión del polvo y el asentamiento de los cimientos. Desempeña un papel fundamental en la creación de infraestructuras y edificios que son la columna vertebral de varias comunidades.

Lucha contra incendios

El agua es una herramienta fundamental en las labores de extinción de incendios. Los hidrantes, las mangueras y otras fuentes de agua pertinentes son cruciales para extinguir incendios y evitar su propagación. Aunque también se utilizan sustancias extintoras como polvos secos y dióxido de carbono, varias de ellas están basadas en el agua.

La comprensión de las diversas funciones del agua visibiliza su importancia como recurso esencial para mantener la vida y apoyar diferentes aspectos de las actividades humanas. Sin embargo, con la urbanización masiva y el uso irresponsable de agua limpia, regiones enteras de todo el mundo han empezado a enfrentarse a retos relacionados con el suministro de agua. Cada vez es más necesario actualizar los sistemas de suministro y tratamiento de agua para garantizar su disponibilidad y conservación.

Agua para la protección

En situaciones de supervivencia, en las que el acceso a las prácticas de higiene convencionales puede ser limitado, resulta imperativo comprender la importancia del agua para la limpieza personal y el cuidado de heridas. El agua es un recurso crucial para los primeros auxilios y la respuesta en emergencias. Se utiliza para limpiar heridas, rehidratar a las personas y garantizar una limpieza adecuada que evite la propagación de enfermedades. Aquí se observan algunos escenarios en los que la presencia de agua marca la diferencia.

Limpieza de heridas

En las emergencias médicas y los primeros auxilios, la limpieza de heridas es el primer paso para prevenir infecciones y favorecer la cicatrización. El agua no contaminada limpia eficazmente el lugar de la lesión, eliminando restos, microorganismos nocivos y suciedad y preparando la herida para el vendaje. En terminología médica, enjuagar la herida con agua limpia o salina se denomina irrigación y sirve para reducir el riesgo de nuevas infecciones y crear un entorno adecuado para el proceso natural de curación del organismo.

Irrigación ocular

Al igual que la irrigación de heridas, la irrigación ocular se realiza cuando productos químicos o partículas extrañas entran en contacto con los ojos. El agua evita la infección e irritación, proporcionando un alivio rápido y previniendo daños mayores. El lavado continuo y suave elimina hasta el último resto de sustancias extrañas y minimiza el riesgo de lesiones, ya que estas partículas pueden causar irritación ocular, y cuando el ojo se frota con fuerza, puede dañar la esclerótica y la córnea, capas externas del ojo.

Tratamiento de quemaduras

El agua es un componente fundamental en el tratamiento inicial de quemaduras. Se aplica agua fresca en la zona quemada para disipar el calor, reducir el dolor y minimizar el daño tisular. La aplicación prolongada de agua enfría la quemadura y proporciona alivio inmediato. La respuesta inmediata con agua es fundamental en las primeras fases del tratamiento de quemaduras, cuando aún se espera la atención médica profesional. Sin embargo, evite el uso de agua fría o hielo, ya que puede agravar la quemadura.

Mitigación del agotamiento por calor

Durante los días calurosos, el agotamiento por calor es un reto que puede evitarse con una buena hidratación. En el agotamiento por calor, el cuerpo pierde líquidos, electrolitos y minerales a través del sudor. Estas pérdidas pueden reponerse bebiendo agua. Sin embargo, en casos graves de agotamiento por calor, las personas pueden llegar a un estado de somnolencia e incluso quedar inconscientes. En situaciones como esta, avise a las autoridades competentes para que le presten asistencia médica. Mientras espera la asistencia, utilice un paño humedecido con agua y frótese suavemente la frente, los brazos, las piernas y el estómago. Esta técnica favorece el enfriamiento por evaporación, reduciendo la temperatura corporal y aliviando los síntomas de las enfermedades relacionadas con el calor.

Tratamiento de la hipotermia

El agua es esencial para prevenir y tratar la hipotermia. Evitar la ropa mojada y mantener el cuerpo seco en ambientes fríos es esencial para prevenir esta condición. En los casos en que ya se produjo la hipotermia, el primer paso es el calentamiento gradual con agua caliente para elevar la temperatura corporal de forma segura. El uso controlado del agua es crucial para equilibrar la necesidad de calor sin provocar un choque térmico en el cuerpo.

Descontaminación por exposición química

El agua es un componente primario para la descontaminación en situaciones de exposición a productos químicos nocivos. Enjuagar las zonas afectadas con abundante agua diluye y elimina las sustancias químicas, reduciendo el riesgo de daños mayores. Una descontaminación rápida y exhaustiva es fundamental para minimizar el impacto de la exposición química y evitar la absorción de sustancias tóxicas en el organismo.

Hidratación oral en estado de *shock*

Para las personas que sufren un *shock*, es crucial mantener una hidratación adecuada. En términos médicos, el *shock* puede desencadenarse por un traumatismo grave, una reacción alérgica, la pérdida de sangre por una lesión o un golpe de calor. Cuando una persona entra en estado de *shock*, su tensión arterial desciende drásticamente. En este caso, la hidratación oral estabiliza la tensión arterial y favorece la función circulatoria, reduciendo el riesgo de daños orgánicos. Una caída repentina de la tensión arterial también puede hacer que la persona pierda el conocimiento. Evite dar agua si nota que el paciente se siente mareado.

Activación de férulas

En situaciones de supervivencia en las que no se tiene acceso inmediato a servicios sanitarios, el uso de una férula de emergencia para un hueso roto resulta crucial. Estas férulas requieren agua para su activación y correcta aplicación. La férula de emergencia es una medida temporal, pero muy eficaz para mantener estable el hueso lesionado hasta que llegue asistencia médica profesional. El papel del agua en la activación de los vendajes garantiza la adhesión y el ajuste adecuado, contribuyendo a la estabilidad de las extremidades lesionadas.

Alivio de picaduras de insectos

Usar agua para aliviar mordeduras o picaduras de insectos es una práctica común de primeros auxilios para aventureros y exploradores. Dejar correr agua fría sobre la zona alivia el dolor y reduce la hinchazón. El efecto refrescante del agua proporciona un alivio inmediato y actúa como remedio natural en situaciones de primeros auxilios al aire libre.

Conocer las diversas aplicaciones del agua en situaciones de primeros auxilios demuestra su papel fundamental en los cuidados inmediatos, para mitigar el impacto de las lesiones y contribuir al bienestar general de las personas. El agua es un recurso versátil y esencial en cualquier botiquín de primeros auxilios, ya sea para la limpieza de heridas, la regulación de la temperatura o la descontaminación química.

El papel fundamental del agua

Además de ayudar en situaciones de primeros auxilios, hay varias situaciones de supervivencia en las que el uso del agua resulta fundamental. A continuación, se presentan algunas de las funciones del agua, destacando lo necesaria que es y los resultados positivos que proporciona, incluso frente a la adversidad.

Lucha contra incendios en situaciones de supervivencia

En situaciones de supervivencia, tener los conocimientos y la capacidad para controlar y extinguir incendios es crucial para la seguridad y la preservación de los recursos. Aunque el uso de extintores es más fácil, es mejor utilizarlos para incendios pequeños. En caso de que el fuego se propague rápidamente, es necesario utilizar todos los métodos posibles para frenarlo. El agua, provenga de ríos, lagos o arroyos cercanos, puede transportarse en suministros de emergencia, convirtiéndose en una herramienta primordial para la lucha contra incendios. Se utiliza para sofocar las llamas, evitar la propagación del fuego y proteger recursos esenciales como refugios y alimentos. En la supervivencia en la naturaleza, donde las rutas de escape pueden ser limitadas, la lucha eficaz contra incendios garantiza su seguridad y la protección de sus recursos.

Señalización para el rescate

Las propiedades reflectantes del agua pueden utilizarse estratégicamente con fines de señalización en situaciones de supervivencia en las que se encuentre atrapado en el agua o cerca de ella. Crear alteraciones en la superficie del agua, agitándola o creando ondas, aumenta su visibilidad para los equipos de rescate. También puede orientar espejos o superficies brillantes para captar y redirigir la luz solar, creando señales visibles. Este método aumenta significativamente la eficacia de las señales de socorro, haciendo que las personas sean más visibles para los equipos de búsqueda y rescate o las aeronaves que pasan.

Herramientas de navegación acuáticas

Las masas de agua sirven como guías naturales de navegación en situaciones de supervivencia. Comprender las corrientes de agua, observar el flujo de los ríos y reconocer las características de la costa se convierten en valiosas herramientas de navegación. Estas técnicas de navegación se han utilizado durante décadas, ayudando a los navegantes a llegar a su destino sin necesidad de aparatos modernos de geolocalización como el GPS. Estas características del agua ofrecen información sobre el relieve y ayudan a tomar decisiones sobre las rutas óptimas. Esta conexión innata entre el agua y la navegación se convierte en una ventaja en diversos terrenos.

Ampliación del hábitat

Aunque el papel directo del agua en diversas situaciones es fundamental, las aguas subterráneas y los arroyos fomentan la diversidad de hábitats, ya que las masas de agua atraen diversas formas de vida salvaje. En escenarios de supervivencia, la presencia de una masa de agua apunta a la presencia de fuentes de alimento cercanas. Cuando los niveles de lagos y arroyos descienden, disminuyen las capas freáticas, se limita el suministro de agua y se pone en peligro el hábitat y a la población cercana. El agua es una necesidad para los humanos y hacer esfuerzos persistentes de conservación asegura que los arroyos, lagos y ríos sigan fluyendo.

El agua es fundamental en las tareas de supervivencia porque es un recurso dinámico y adaptable que ofrece soluciones para la extinción de incendios, la señalización, la navegación y la obtención de recursos. Comprender las diversas aplicaciones del agua en escenarios de supervivencia puede ayudarle a utilizar su potencial de forma creativa, contribuyendo a su resistencia y a su éxito a la hora de navegar y superar retos en la naturaleza.

El agua en la artesanía

Moldeado y construcción con arcilla

La alfarería y el uso de arcilla para la construcción son técnicas ancestrales que aún se utilizan hoy en día. Saber moldear la arcilla y construir un refugio utilizando elementos esenciales de la tierra como el agua puede ser una gran herramienta de supervivencia en caso de emergencia. El agua hace que la arcilla sea maleable, por lo que se le pueden dar formas complejas. Con esta técnica sencilla y eficaz se pueden crear recipientes, herramientas y refugios.

Procesamiento de plantas y extracción de fibras

Además del moldeado de la arcilla, el agua es crucial en el procesamiento de plantas para la elaboración de materiales. En la artesanía y en la supervivencia, las plantas se utilizan a menudo para tejer cestas, crear cuerdas o construir refugios. El agua ablanda las fibras vegetales, haciéndolas más flexibles y fáciles de manipular. El material vegetal procesado se utiliza a menudo con arcilla para reforzar construcciones y hacerlas más resistentes a los cambios climáticos. Además, el proceso de remojo aumenta la flexibilidad de la fibra vegetal, facilitando su tejido en artículos funcionales como cestas y otros recipientes de fibra. En situaciones de supervivencia, las cestas o recipientes tejidos sirven para transportar agua, almacenar alimentos u organizar pertenencias.

Teñido y tintura natural

La artesanía tradicional incluye el arte del teñido natural, en el que el agua sirve como medio para extraer los colores de los materiales vegetales. Los métodos de teñido y tintura, que datan de hace décadas, sirven para camuflar la ropa, crear banderas de señalización o cumplir funciones específicas en situaciones de supervivencia. El uso de tintes naturales, facilitado por el agua, añade una capa de creatividad a la artesanía.

Curtido y trabajo del cuero

El agua facilita la transformación de pieles crudas en cuero. En la naturaleza, este arte ha sido utilizado por comunidades remotas durante siglos, transformando pieles crudas en cuero duradero. En situaciones de supervivencia, esta habilidad permite procesar pieles de animales para fabricar ropa, calzado o recipientes improvisados. El agua ablanda las pieles, haciéndolas más flexibles, y forma parte integral del proceso de curtido para preservar las pieles y transformarlas en cuero utilizable.

Fabricación de cuerdas y sogas

La fabricación de cuerdas o sogas a partir de fibras vegetales es otra habilidad valiosa en situaciones de supervivencia. El agua se utiliza para ablandar y retorcer las fibras, lo que facilita la creación de cuerdas resistentes y duraderas. Estas cuerdas sirven para construir refugios y fabricar herramientas. El dominio de la cordelería aumenta el ingenio y permite improvisar artículos esenciales para distintas tareas.

Cocina tradicional y preparación de alimentos

El agua es indispensable en la cocina tradicional como componente para hervir, cocinar al vapor y guisar. En situaciones de supervivencia, es esencial saber purificar el agua para el consumo y utilizarla para cocinar de forma segura. El agua garantiza la preparación de comidas saludables y nutritivas y facilita la extracción de nutrientes de las plantas comestibles, haciéndolas más sabrosas y digeribles.

Artesanía con fuego y herramientas para calentarlo

El agua interviene estratégicamente en la elaboración del fuego y el endurecimiento de las herramientas. Los métodos tradicionales para encender fuego suelen utilizar materiales que se benefician del tratamiento con agua, haciéndolos más propicios a la ignición por fricción. Del mismo modo, las herramientas de madera o hueso pueden endurecerse mediante la exposición controlada al agua y al fuego, lo que aumenta su durabilidad y funcionalidad en situaciones de supervivencia.

Medicina natural e infusiones

El agua es fundamental en la medicina tradicional y la herboristería, ya que sirve como medio para extraer compuestos beneficiosos de las plantas. En situaciones de supervivencia, el conocimiento de las plantas medicinales y la habilidad para crear infusiones o cataplasmas de hierbas utilizando agua es algo vital. El agua ayuda a extraer propiedades de las plantas, lo que permite tratar dolencias y lesiones utilizando remedios naturales.

Conciencia medioambiental y predicción meteorológica

El comportamiento del agua en el medio ambiente contiene información valiosa para la supervivencia. Para predecir los cambios meteorológicos, las técnicas tradicionales se basan en la lectura de señales de las masas de agua, como las ondulaciones, las corrientes o la vida acuática. Comprender estas señales ayuda a planificar y adaptarse a las condiciones ambientales, maximizando las posibilidades de sobrevivir. Es un ejemplo de que el agua no es solo un recurso, sino una fuente de información crucial para adaptarse a las condiciones cambiantes de la naturaleza.

El papel del agua en las técnicas tradicionales y la supervivencia va más allá de sus propiedades físicas. Cataliza la creatividad y la adaptabilidad, permitiendo a cualquiera elaborar artículos esenciales, extraer colores y predecir cambios medioambientales. Al comprender y utilizar el agua en estas diversas actividades, las personas mejoran su resistencia e ingenio para superar los retos que presenta la supervivencia.

Sin duda, el agua es el elixir de la vida, que se hace imposible sin ella. Es una sustancia única, una fuerza motriz para los seres vivos y un elemento crucial en todos los aspectos de la vida, desde la artesanía hasta la supervivencia. La tierra está cubierta por un 71 % de agua, de la cual solo el 3 % es agua dulce. De este 3 %, sólo el 1,2 % es potable. Aunque este precioso líquido que alimenta la vida en la tierra sigue siendo accesible, la expansión demográfica y la urbanización amenazan las reservas de agua potable del planeta. Afortunadamente, la mayoría de los gobiernos del mundo están tomando medidas eficaces para controlar el despilfarro de agua y trabajan en su conservación plantando árboles y creando espacios verdes urbanos. Muchas regiones incluso han empezado a monitorear el uso del agua para recopilar información relevante y tomar medidas eficaces que eviten la pérdida de esta preciosa fuente de vida.

Capítulo extra: Lista de chequeo rápida

Ahora que leyó el libro, esta lista de chequeo rápida le ayuda a orientar sus decisiones sobre la supervivencia con agua. La lista cubre todos los aspectos del uso del agua, incluyendo el almacenamiento, la purificación, el equipo necesario y para qué la necesita. Utilice estas directrices como referencia rápida para asegurarse de que va por el buen camino. A veces, mucha información resulta abrumadora. Esta lista de comprobación le ayuda a considerar todos los datos y asegurarse de no pasar nada por alto.

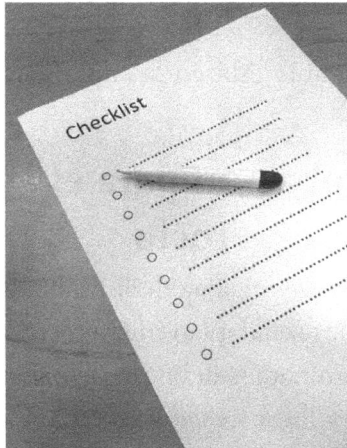

Atienda sus necesidades de agua llevando una lista de chequeo
https://pixabay.com/photos/checklist-check-list-pen-3556832/

Si está estableciendo una granja, viajando, preparándose para una aventura o explorando la naturaleza, necesita una fuente de agua independiente. Sin embargo, teniendo en cuenta lo peligroso que es consumir y almacenar agua, debe comprobar dos o tres veces que está listo y que tiene todo lo necesario para disponer de agua potable y saludable. No quiere pasar por alto un detalle importante que ya conoce. Incluso los expertos cometen errores, por lo que es esencial disponer de una lista de chequeo exhaustiva que le recuerde todo lo que debe tener en cuenta. Tómese su tiempo y lea esta lista de comprobación para asegurarse de que tiene todo en cuenta.

Lista de comprobación hidrogeográfica

- ¿Cuál es la mejor forma de captar agua en su ubicación geográfica?
- ¿Cuáles son los peligros que afectan al agua en esta zona?
- ¿Cómo afecta el terreno a sus fuentes de agua?
- ¿El agua de la zona está limpia o contaminada?
- ¿El agua en la región es escasa o abundante?
- ¿Existe riesgo de inundación en la zona?
- ¿Hay sequías estacionales en la región?
- ¿El agua disponible en su zona es suficiente para satisfacer sus necesidades diarias?
- ¿Qué infraestructuras o herramientas necesita para acceder al agua?
- ¿El agua disponible está en la superficie o bajo tierra?, ¿cómo va a recogerla?

Lista de comprobación para el agua de lluvia y rocío

- ¿Cómo va a recoger el agua de lluvia?
- ¿Qué recipientes se adaptan mejor a sus necesidades?
- ¿De qué contaminantes debe preocuparse en la zona?
- ¿Dispone de un lugar fresco y seco para almacenar el agua?
- ¿Comprobó si los recipientes tienen fugas?

- ¿Qué métodos de purificación va a utilizar para limpiar el agua de lluvia o rocío?
- ¿La superficie que utiliza para recoger el agua de lluvia está limpia?
- ¿Hervirá el agua? ¿o utilizará otros métodos de desinfección como lejía o pastillas de cloro?
- ¿Está preparado para la estación seca?
- ¿Su capacidad de almacenamiento se ajusta a sus necesidades?
- ¿Estableció protocolos de limpieza para usted y para la zona de almacenamiento?
- ¿Sus recipientes de almacenamiento son aptos para alimentos?
- ¿Limpió los depósitos?
- ¿Rota el agua cada seis meses?

Lista de comprobación para la purificación del agua

- ¿Qué tipo de filtros de agua utiliza?
- ¿Va a utilizar tecnología de luz ultravioleta para limpiar el agua?
- ¿Qué tipo de pastillas de desinfección química satisfacen sus necesidades?
- ¿Sus métodos de purificación del agua son portátiles?
- ¿Sabe cuánto tiempo debe hervir el agua teniendo en cuenta los parásitos y patógenos presentes en su comunidad o en la región en la que se encuentra?
- ¿Comprobó si hay contaminantes en sus recipientes?
- ¿Es el método de purificación adecuado para el uso del agua?
- ¿Mantiene el agua para diversos usos y está correctamente etiquetada?
- ¿Dispone de un kit para analizar el agua?

Lista de comprobación para el agua de nieve y hielo

- ¿Se encuentra en una zona donde abunda la nieve y el hielo?
- ¿El hielo es de agua dulce o salada?

- ¿Dispone de suficiente combustible o energía para derretir la nieve y cubrir sus necesidades de consumo de agua?
- ¿Qué contaminantes hay en la nieve y cómo va a purificarla?

Lista de comprobación para viajar con agua

- ¿Cuánta agua necesita transportar?, ¿tiene capacidad para mover esa cantidad?
- ¿Son duraderos los recipientes?
- ¿Tiene forma de hervir el agua?
- ¿Tiene pastillas potabilizadoras?
- ¿De dónde va a sacar agua cuando viaje?, ¿es segura esa fuente?
- ¿Las botellas o recipientes están bien cerrados?
- ¿Tiene dispositivos de filtración portátiles?
- ¿Tiene un purificador UV?
- ¿Tiene un purificador eléctrico?
- ¿Tiene un kit portátil para analizar el agua?

Lista de comprobación para el almacenamiento de agua a largo plazo

- ¿Se han utilizado los recipientes para otra cosa que no sea agua?
- ¿Los recipientes para almacenar agua son seguros?
- ¿Dónde va a almacenar el agua y para qué la va a utilizar?
- ¿Cuánto tiempo quiere almacenar agua y de qué material están hechos los recipientes que utilizará?
- ¿Dispone de espacio suficiente y adecuado para el agua?
- ¿Cuántos litros necesita almacenar?
- ¿Es necesario que el depósito de agua sea móvil?
- ¿Cuántas personas utilizan su suministro de agua?
- ¿Tiene medios para filtrar y desinfectar el agua?

Lista de control para la conservación del agua

- ¿Son sostenibles sus métodos para recoger agua?
- ¿Los materiales utilizados son amigables con el medio ambiente?
- ¿Tiene en cuenta los productos químicos que utiliza y su efecto en la ecología local?
- ¿Limpia lo que ensucia?
- ¿Utiliza el agua de forma responsable sin malgastarla?
- ¿Tiene en cuenta a la comunidad que le rodea a la hora de recoger agua?
- ¿Ha comprobado si hay fugas en los sistemas de almacenamiento y distribución de agua?
- ¿Tiene en cuenta su impacto en el medio ambiente al recoger agua?
- ¿Utiliza el agua que le corresponde sin excederse en el consumo?

Para todas sus necesidades relacionadas con el agua, repase cuidadosamente esta lista de chequeo. No importa si viaja con una pequeña cantidad de agua o si almacena cientos de litros durante un largo periodo, esta lista de comprobación cubre todos los aspectos en los que debe pensar. Los detalles de purificación, almacenamiento, filtración y distribución son muy importantes para pasarlos por alto. Tómese su tiempo para repasar esta lista de chequeo y reflexione en profundidad sobre las indicaciones. El agua puede dar y quitar vida, por lo que es importante respetar esta sustancia milenaria. Si trabaja bien con el agua, satisfará muchas de sus necesidades, pero si no la respeta, es inevitable un resultado desastroso.

Conclusión

El agua es vida. Los humanos, los animales, las plantas y todas las demás criaturas la necesitan para sobrevivir. Si planea vivir fuera de la red de suministro, debe descubrir diferentes recursos hídricos y aprender a recoger, purificar y almacenar el agua para hidratarse, cultivar, bañarse, etc.

El libro comenzó explorando la importancia del agua y su papel como sustento de todas las formas de vida. Descubrió que es más vital que los alimentos y por qué siempre está asociada a la vida. También aprendió las graves consecuencias de la falta de agua.

A continuación, se expuso la relación entre las características físicas de la tierra y la presencia de agua. Aprendió a reconocer cordilleras, valles y otros accidentes geográficos. Descubrió cómo localizar el agua a través de su movimiento por diferentes paisajes.

Comprendió el proceso natural de formación de la lluvia y el rocío. A continuación, descubrió las metodologías para recoger agua mediante técnicas tradicionales e innovadoras. Después, aprendió a almacenar el agua de lluvia y rocío. Descubrió cuáles son los mejores recipientes para el almacenamiento a largo plazo, así como sus tamaños y materiales. También vio la importancia de mantener el agua sin contaminar.

El agua recogida no es segura para el consumo hasta que esté purificada. Por esto, comprendió los riesgos del agua no tratada y aprendió diferentes métodos de purificación para consumir agua limpia.

La mayoría de los recursos hídricos están congelados en un entorno frío. Si es su caso, descubrió técnicas para derretir la nieve y el hielo.

También aprendió mitos y conceptos erróneos sobre la nieve, para no cometer errores fatales.

Si vive en un entorno con recursos hídricos limitados, necesita estrategias para conservar el agua. Por eso, comprendió los retos de una región propensa a las sequías y aprendió técnicas eficaces para minimizar el consumo de agua.

Las personas que están siempre en movimiento se enfrentan a más retos que las que se asientan en un solo lugar. Para estos casos, aprendió a abastecerse de agua cuando está en movimiento y cuáles son las necesidades de hidratación derivadas de un mayor esfuerzo físico.

A continuación, descubrió técnicas para almacenar el agua sin contaminarla. Conoció los recipientes de almacenamiento adecuados y sus materiales, diseños y capacidades. También descubrió las mejores prácticas de almacenamiento en diversos entornos.

El agua no solo sirve para hidratarse. Por eso, descubrió los múltiples usos del agua en la vida cotidiana y aprendió sobre su importancia en emergencias y contextos de supervivencia.

La vida sin agua es imposible.

Vea más libros escritos por Dion Rosser

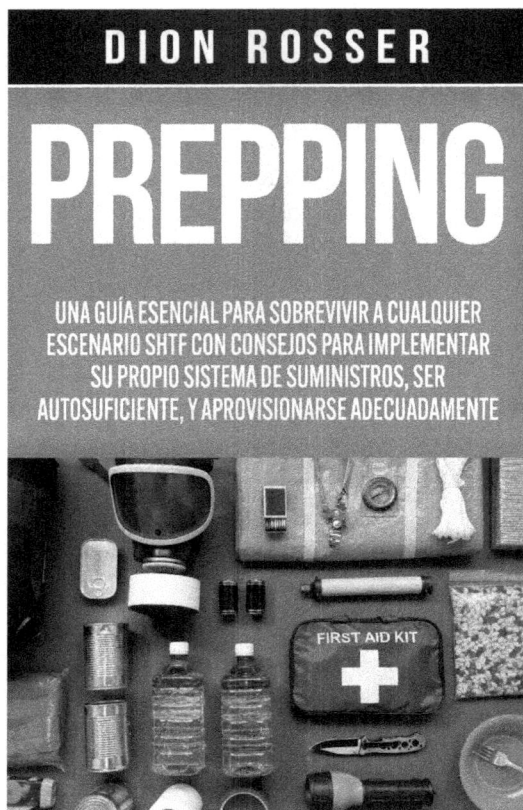

Referencias

Revolucionar los espacios urbanos: Cinco técnicas innovadoras para recoger agua de lluvia. (sin fecha). https://smartwateronline.com/news/revolutionising-urban-spaces-5-innovative-rainwater-harvesting-techniques

(sin fecha). Iwaponline.com. https://iwaponline.com/ws/article/20/8/3052/75992/Crafting-futures-together-scenarios-for-water

(s.f.). Masterclass.com. https://www.masterclass.com/articles/how-to-find-water

(Sin fecha). Amnh.org. https://www.amnh.org/explore/ology/water/what-is-water

(N.d.-a). Nyp.org. https://www.nyp.org/healthlibrary/definitions/untreated-water#:~:text=Untreated%20water%20is%20drinking%20water,and%20mild%20to%20severe%20illness.

(N.d.-b). Amnh.org. https://www.amnh.org/exhibitions/water-h2o--life/life-in-water/humans-and-water

(N.d.-b). Aspiringyouths.com. https://aspiringyouths.com/advantages-disadvantages/water-purifier/#google_vignette

(N.d.-c). Iwaponline.com. https://iwaponline.com/jwh/article/19/1/89/78374/Shungite-application-for-treatment-of-drinking

Nueve ventajas de los sistemas de desalinización de agua de mar. (s.f.). Pure Aqua. Inc. https://pureaqua.com/blog/9-advantages-of-seawater-desalination-systems/

Una solución a la escasez de agua. (s.f.). TREE AID. https://www.treeaid.org/blogs-updates/water/

Ventajas e inconvenientes de la desalinización. (s.f.). Brother Filtration. https://www.brotherfiltration.com/pros-and-cons-desalination/

Anderberg, J. (2016, 20 de abril). Cómo encontrar agua en la naturaleza. The Art of Manliness; Art of Manliness. https://www.artofmanliness.com/skills/outdoor-survival/how-to-find-water-in-the-wild/

Bramley, A. (2022, 3 de enero). ¿Es seguro comer nieve? Los científicos dicen que sí (con estas precauciones). NPR. https://www.npr.org/sections/thesalt/2016/01/23/463959512/so-you-want-to-eat-snow-is-it-safe-we-asked-scientists

Cal, R. (2019, 16 de marzo). Guía de once métodos para la filtración y purificación de agua fuera de la red. Rustic Skills; Regina Cal. https://rusticskills.com/off-grid-water-systems/off-grid-water-filtration-purification/

Caldwell, J. (2019, 11 de julio). Sistemas de filtración de agua de desalinización. Qué es la desalinización. Tecnologías de equipos de agua; Tecnologías de equipos de agua - WET. https://wetpurewater.com/desalination-water-filtration-systems/

CDC. (2023, 19 de abril). Creación y almacenamiento de un suministro de agua de emergencia. Centros para el control y la prevención de enfermedades. https://www.cdc.gov/healthywater/emergency/creating-storing-emergency-water-supply.html

CDC. (2023a, 13 de abril). Garantizar la seguridad del agua en caso de emergencia. Centros para el Control y la Prevención de Enfermedades. https://www.cdc.gov/healthywater/emergency/making-water-safe.html

CDC. (2023b, 19 de abril). Cómo crear y almacenar un suministro de agua de emergencia. Centros para el control y la prevención de enfermedades. https://www.cdc.gov/healthywater/emergency/creating-storing-emergency-water-supply.html

Cho, R. (2011, 7 de marzo). Los colectores de niebla: Cosechar agua del aire. State of the Planet; Columbia Climate School. https://news.climate.columbia.edu/2011/03/07/the-fog-collectors-harvesting-water-from-thin-air/

Clarke, J. (2022, 10 de diciembre). ¿Por qué no puede comer nieve para hidratarse en una situación de supervivencia? advnture.com. https://www.advnture.com/features/dont-eat-snow

Guía completa de filtración de agua para casas rodantes. (2022, 23 de julio). Engineers Who Van Life - DIY Van Building & Van Life. https://engineerswhovanlife.com/campervan-water-filtration/

Cunningham, R. (2023, 2 de mayo). Cómo recoger agua de rocío: Técnicas eficientes para el aprovechamiento de los recursos naturales. Survival World. https://www.survivalworld.com/water/gathering-dew/

Debutify, & Tasneem, S. (2022, 3 de enero). Siete maravillosos beneficios de la shungita para el agua (actualización de 2023). Atmosure. https://atmosure.com/blogs/stories/shungite-water-benefits

Rocío. (s.f.). Nationalgeographic.org. https://education.nationalgeographic.org/resource/dew/

Agua potable. (s.f.). Who.int. https://www.who.int/news-room/fact-sheets/detail/drinking-water

DrinkPrime. (2023, 10 de abril). Agua hervida frente a agua filtrada: ¿Cuál es mejor? Drinkprime.In; DrinkPrime. https://drinkprime.in/blog/boiled-water-vs-filtered-water/

Fink, L. (2022, 3 de agosto). Recipiente de arcilla para agua: la mejor forma de filtrar el agua en 2022. Uai Central. https://uaicentral.com/blogs/news/clay-water-pot

Fitzgerald, S. (2019, 7 de marzo). Seis formas de viajar con agua potable sin plástico. National Geographic. https://www.nationalgeographic.com/travel/article/how-to-drink-water-safety-on-vacation-sustainability

La superficie inclinada acelera la recolección de rocío -. (2019, 20 de marzo). Physics World. https://physicsworld.com/a/grooved-surface-accelerates-dew-harvesting/

Haas, E. (2018, 18 de septiembre). Guía del excursionista para mantenerse hidratado y tratar la deshidratación. Backpacker. https://www.backpacker.com/survival/how-to-stay-hydrated-and-treat-dehydration/

Hari, A. (2023, 20 de octubre). ¿Puede deshidratarse por comer nieve? Verdad o mito. Medium. https://medium.com/@marketing_14327/can-eating-snow-dehydrates-you-truth-or-myth-d00b4fdb3882

Cosechar agua y aprovechar la cooperación: Los *qanat* en Medio Oriente y Asia. (sin fecha). Middle East Institute. https://www.mei.edu/publications/harvesting-water-and-harnessing-cooperation-qanat-systems-middle-east-and-asia

Hitchcock, J. (2023, 3 de marzo). Cómo hervir agua sin electricidad - Quince maneras fáciles. Survival Stoic. https://survivalstoic.com/how-to-boil-water-without-electricity/

Almacenamiento casero de agua para emergencias. (2017, 8 de diciembre). Departamento de Calidad Medioambiental de Utah. https://deq.utah.gov/drinking-water/emergency-water-storage

Cómo desalinizar el agua. (2011, 16 de mayo). wikiHow. https://www.wikihow.com/Desalinate-Water

---

Cómo encontrar agua en un escenario de supervivencia. (2021, 18 de octubre). Operatorsassociation.com. https://www.operatorsassociation.com/how-to-find-water-in-a-survival-scenario

Cómo encontrar agua en una situación de supervivencia. (s.f.). Tacticalgear.com. https://tacticalgear.com/experts/how-to-find-water-in-a-survival-situation

Cómo recoger agua de lluvia. (s.f.). Off-Grid Collective. https://www.offgridcollective.co.nz/pages/how-to-harvest-rain-water

Hung, E. (2018, 14 de octubre). Los mejores contenedores para almacenar agua en emergencias [probado]. Pewpewtactical.com; Pew Pew Media, Inc. https://www.pewpewtactical.com/best-water-storage-containers/

Impulse, S. (s.f.). Soluciones a la escasez de agua. Solarimpulse.Com; Solar Impulse Foundation. https://solarimpulse.com/water-scarcity-solutions

Salud individual y familiar. (s.f.). Bacterias, virus y parásitos en el agua potable. State.Mn.Us. https://www.health.state.mn.us/communities/environment/water/contaminants/bacteria.html

Isobeld. (2016, 25 de febrero). Derretir el agua: Cómo obtener agua de la nieve y el hielo. TGO Magazine. https://www.thegreatoutdoorsmag.com/skills/melt-water-how-to-get-water-from-ice-and-snow/

KPS. (2017, 21 de abril). Diez formas de encontrar agua para sobrevivir en la naturaleza. Know Prepare Survive. https://knowpreparesurvive.com/survival/10-ways-to-find-water/

Kresh, M. (2018, 14 de octubre). ¿Pueden las jarras de barro filtrar el agua? Green Prophet. https://www.greenprophet.com/2018/10/how-clay-jugs-make-polluted-water-safe/

Kylene. (2018, 8 de agosto). Cómo almacenar agua para la preparación ante emergencias. The Provident Prepper - Common Sense Guide to Emergency Preparedness, Self-Reliance and Provident Living. https://theprovidentprepper.org/how-to-store-water-for-emergency-preparedness/

Lewicky, A. (2008). Cómo derretir la nieve para obtener agua. SierraDescents. https://www.sierradescents.com/2008/05/how-to-melt-snow-for-water.html

Libretextos. (2020, 27 de mayo). 13.3: Escasez de agua y soluciones. Biology LibreTexts; Libretexts. https://bio.libretexts.org/Bookshelves/Ecology/Environmental_Science_(Ha_an d_Schleiger)/04%3A_Humans_and_the_Environment/4.02%3A_Water_Reso urces/4.2.03%3A_Water_Scarcity_and_Solutions

Los usos del agua en la vida cotidiana. (2022, 4 de julio). Byjus.com; BYJU'S. https://byjus.com/question-answer/list-the-uses-of-water-in-our-daily-life/

Gestión de la escasez de agua. (sin fecha). Fondo Mundial para la Naturaleza. https://www.worldwildlife.org/projects/managing-water-scarcity

McKay, K. (2021, 22 de agosto). Cómo almacenar agua para emergencias a largo plazo. The Art of Manliness; Art of Manliness. https://www.artofmanliness.com/skills/outdoor-survival/hydration-for-the-apocalypse-how-to-store-water-for-long-term-emergencies/

Miller, K. (2021, 1 de enero). ¿Es seguro comer nieve? Los médicos explican los posibles efectos secundarios - prevention. Prevention.com. https://www.prevention.com/health/a34618470/is-it-safe-to-eat-snow/

Millhone, C. (2023, 24 de octubre). Shungita: ¿Esta piedra «curativa» es tan buena como se dice? Health. https://www.health.com/shungite-7972956

Minimizar el crecimiento de algas en estanques de granjas. (2021, 9 de marzo). Agriculture Victoria. https://agriculture.vic.gov.au/farm-management/water/managing-dams/minimising-algal-growth-in-farm-dams

Mollah, M. (2023, 23 de mayo). Siete soluciones sostenibles a la escasez de agua. Sea Going Green. https://www.seagoinggreen.org/blog/2023/5/23/7-sustainable-solutions-to-water-scarcity

Muskrat, J. (2017, 16 de octubre). Tres formas de obtener agua potable de la nieve. Instructables. https://www.instructables.com/Three-Ways-to-Get-Safe-Drinking-Water-from-Snow/

Naude, J. (2022, 1 de noviembre). Cómo almacenar agua de forma segura a largo plazo. Abeco Tanks. https://abecotanks.co.za/long-term-water-storage/

Personal de Offgrid. (2017, 26 de julio). El mito del racionamiento de agua si está perdido en el desierto. RECOIL OFFGRID. https://www.offgridweb.com/preparation/the-myth-of-water-rationing-while-stranded-in-the-desert/

Gente, O., y Consejo Asesor. (2019, 25 de marzo). Entender los códigos de reciclaje de plástico: Su guía para el RIC. Sustainable Brands. https://sustainablebrands.com/read/corporate-member-update/understanding-plastic-recycling-codes-your-guide-to-the-ric

Price, A. (s.f.). Obtención de agua de la nieve y el hielo - dryad bushcraft. Dryadbushcraft.co.uk. https://www.dryadbushcraft.co.uk/bushcraft-how-to/obtaining-water-from-snow-and-ice

Rae. (2022, 9 de junio). Cómo preparar agua falsa para artesanías (+ Guía para terrarios de resina). Terrarium Tribe. https://terrariumtribe.com/fake-water-for-crafts/

Ramey, J. (2017, 25 de agosto). Los mejores recipientes para almacenar agua en casa. The Prepared. https://theprepared.com/homestead/reviews/best-two-week-emergency-water-storage-containers/

Ray, T. (2013, 10 de abril). La purificación del agua. American Hiking Society. https://americanhiking.org/resources/water-purification/

Ósmosis inversa. (2019, 20 de febrero). BYJUS; BYJU'S. https://byjus.com/chemistry/reverse-osmosis/

Ósmosis inversa. (2020, 28 de junio). VEDANTU. https://www.vedantu.com/chemistry/reverse-osmosis

Rosinger, A. Y. (s.f.). La evolución humana condujo a una sed extrema de agua. Scientific American.

Sahana. (2022, 30 de abril). Diez ventajas y desventajas de la cloración del agua que debe conocer. Tech Quintal. https://www.techquintal.com/advantages-and-disadvantages-of-chlorination-of-water/

Scavetta, A. (s.f.-a). Agua hervida frente al agua filtrada. Aquasana.com. https://www.aquasana.com/info/boiled-water-vs-filtered-water-pd.html

Scavetta, A. (s.f.-b). Filtro de agua frente a purificador de agua: ¿Cuál es la diferencia? Aquasana.com. https://www.aquasana.com/info/water-filter-vs-water-purifier-pd.html

Cloración de choque. (2020, 5 de agosto). Programa de agua de pozo. https://wellwater.oregonstate.edu/well-water/bacteria/shock-chlorination

Shoop, M. (2010, 10 de septiembre). Cómo filtrar agua con macetas de barro. Sciencing; Leaf Group. https://sciencing.com/filter-water-clay-pots-6975650.html

Singh, P. K. (2023, 27 de septiembre). La purificación del agua y sus ventajas y desventajas. Livpure. https://livpure.com/blogs/article/water-purification-and-its-advantages-and-disadvantages

Sissons, C. (2020, 27 de mayo). ¿Qué porcentaje del cuerpo humano es agua? Medicalnewstoday.com. https://www.medicalnewstoday.com/articles/what-percentage-of-the-human-body-is-water

SITNFlash. (2019, 26 de septiembre). Funciones biológicas del agua: ¿Por qué el agua es necesaria para la vida? Science in the News. https://sitn.hms.harvard.edu/uncategorized/2019/biological-roles-of-water-why-is-water-necessary-for-life/

Smith, A. O. (2019, 23 de julio). Diez formas efectivas de purificar el agua potable. A. O. Smith India. https://www.aosmithindia.com/easy-and-effective-ways-to-purify-water/

Desinfección solar del agua. (sin fecha). Ctc-n.org. https://www.ctc-n.org/technologies/solar-water-disinfection

Soluciones 12/01/2020, P. W. (2020, 1 de diciembre). ¿Es seguro comer nieve cuando se tiene sed? Pentair Water Solutions.

https://www.pentair.com/en-us/water-softening-filtration/blog/snow-into-water.html#:~:text=Recoger%20hielo%20o%20nieve%20y,to%20catch%20the%20falling%20water.

Almacenar el agua de forma segura - Guías de salud Hesperian. (sin fecha). Hesperian.org. https://en.hesperian.org/hhg/A_Community_Guide_to_Environmental_Health:Store_Water_Safely

Stricklin, T. (2023, 5 de octubre). Quince enfermedades peligrosas causadas por el agua contaminada. Sistemas de filtración de agua SpringWell. https://www.springwellwater.com/15-dangerous-diseases-caused-by-contaminated-drinking-water/

Tallarico, G. (2018, 20 de julio). Captación de agua de lluvia: ocho métodos. Asociación Mundial de Permacultura. https://worldpermacultureassociation.com/rainwater-harvesting-8-methods/

Las mejores formas de mantenerse hidratado en la naturaleza. (sin fecha). Survivor Filter. https://www.survivorfilter.com/blogs/home/the-best-ways-to-stay-hydrated-in-the-wild

TIMESOFINDIA.COM. (2023, 25 de agosto). Recuperar la *Matka*: Por qué el agua de olla de barro es la más saludable. Times Of India. https://timesofindia.indiatimes.com/life-style/food-news/bringing-back-the-matka-why-clay-pot-water-is-the-healthiest/articleshow/103057332.cms?from=mdr

Tom. (2023, 2 de febrero). Riesgos para la salud de consumir agua de nieve derretida, lo que debe saber. Weather Geeks.

Agua sin tratar. (s.f.). Alberta.Ca. https://myhealth.alberta.ca/Health/Pages/conditions.aspx?hwid=stu3124&lang=en-ca

Us Epa, O. W. (2015). Desinfección de emergencia del agua potable. https://www.epa.gov/ground-water-and-drinking-water/emergency-disinfection-drinking-water

Us Epa, O. W. (2017). Cómo usamos el agua. https://www.epa.gov/watersense/how-we-use-water

Purificación UV del agua y cómo funciona. (s.f.). Espwaterproducts.com. https://www.espwaterproducts.com/understanding-uv-water-filtration-sterilization/

Van Vuuren, A. (2023, 28 de junio). Ventajas de las soluciones de tratamiento de agua con energía solar. NuWater Water Treatment Solutions South Africa https://nuwater.com/advantages-of-solar-powered-water-treatment-solutions/

Vuković, D. (2020, 14 de octubre). Plásticos seguros para los alimentos: ¿Qué recipientes de plástico son seguros para almacenar alimentos y agua? Primal Survivor. https://www.primalsurvivor.net/food-safe-plastics/

Iniciativas de conservación del agua en regiones propensas a la sequía. (n.d.). Energy5. https://energy5.com/water-conservation-initiatives-in-drought-prone-regions

El agua en la naturaleza. (2020, 11 de mayo). The Survival University. https://thesurvivaluniversity.com/survival-tips/wilderness-survival-tips/all-things-water/water-in-the-wild/

Purificación del agua, sus ventajas y desventajas. (2018,23 de abril). Jplast.Co.Za; JPlast. http://jplast.co.za/2018/04/23/water-purification-and-its-advantages-and-disadvantages/

Escasez de agua. (n.d.). World Wildlife Fund. https://www.worldwildlife.org/threats/water-scarcity Lemire, M. (2023, 3 de noviembre). 5 consejos para prevenir la deshidratación durante el montañismo. Adventure Medical Kits. https://adventuremedicalkits.com/blogs/news/5-tips-to-prevent-dehydration-while-hiking

Water, C. (2022,13 de diciembre). Ventajas y desventajas de los principales métodos de filtración. Clean Tech Water. https://www.cleantechwater.co.in/what-are-the-advantages-and-disadvantages-of-different-water-filtration-methods/

¿Cuáles son las ventajas de un filtro de agua de ósmosis inversa? (n.d.). Espwaterproducts.com. https://www.espwaterproducts.com/reverse-osmosis-advantages-and-disadvantages/

¿Qué es la hidrogeología y qué hacen los hidrogeólogos? (2018,17 de diciembre). IAH - The International Association of Hydrogeologists. https://iah.org/education/general-public/what-is-hydrogeology

¿Por qué el agua es esencial para la vida? (2020, 9 de enero). Toppr Ask. https://www.toppr.com/ask/question/why-is-water-essential-for-life/

Williams, T. (2023,27 de junio). Guía de supervivencia para encontrar agua en la naturaleza. Desert Island Survival. https://www.desertislandsurvival.com/how-to-find-water/

Woodard, J. (2018, 27 de julio). ¿Qué es un sistema de ósmosis inversa y cómo funciona? Fresh Water Systems. https://www.freshwatersystems.com/blogs/blog/what-is-reverse-osmosis

Guía de filtros de agua de intercambio iónico. (n.d.). Freedrinkingwater.com. https://www.freedrinkingwater.com/water-education/quality-water-filtration-method-ion-exchange.htm

Zagala, R. (2018, 20 de marzo). La mejor filtración de agua fuera de la red: Cómo filtrar tu agua sin la red eléctrica. The Berkey. https://theberkey.com/blogs/water-filter/best-off-grid-water-filtration-how-to-filter-your-water-without-the-power-grid

Zhou, W., Matsumoto, K., & Sawaki, M. (2023). Sistemas domésticos tradicionales para recoger agua de lluvia: clasificación, retos de sostenibilidad y perspectivas para el futuro. Journal of Asian Architecture and Building Engineering, 22(2), 576–588. https://doi.org/10.1080/13467581.2022.2047979